CRESCIMENTO ECONÔMICO E DESENVOLVIMENTO ECONÔMICO

Domingos de Gouveia Rodrigues

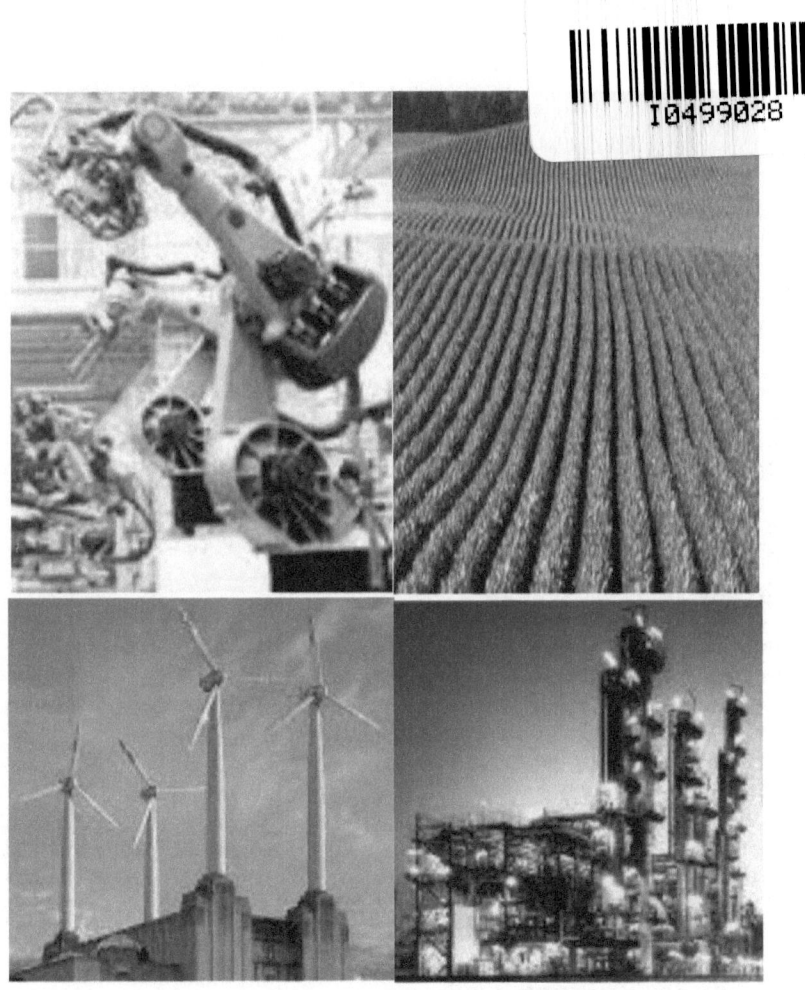

Sumário
1. Introdução
2. Crescimento Econômico
2.1. Medida do Crescimento Econômico
2.2. Críticas ao PIB per capita
3. Evolução Histórica do Conceito de Crescimento Econômico
4. Cronologia da Teoria do Crescimento Econômico
5. Modelos de Crescimento Econômico
5.1. Modelo Harrod-Domar
5.2. Modelo de Crescimento Econômico Exógeno ou Modelo de Crescimento Neoclássico
5.3. Modelo de Crescimento Endógeno
5.4. Críticas aos Modelos de Crescimento Econômico
5.5. Crescimento Econômico e Clima
6.6. Evolução Histórica do Crescimento Econômico e da População
5.7. Reflexões Sobre o Crescimento Econômico
5.8. Variáveis Teóricas Explicativas do Crescimento Econômico
5.8.1. Taxa de Poupança
5.8.2. Relação Capital-Produto
5.8.3. Taxa de Crescimento da Produtividade
5.8.4. Progresso Tecnológico
5.8.5. Taxa de Crescimento da Força de Trabalho
5.8.6. Taxa de Investimento
5.8.7. Capital Humano
5.8.8. Outras variáveis Explicativas do Crescimento Econômico
5.8.8.1. Infraestrutura
5.8.8.2. Regulação ou Garantia dos Contratos
5.8.8.3. Controle das Contas Públicas
5.8.8.4. Nível da Competitividade Internacional
5.8.8.4.1. Participação do Brasil no Comércio Mundial: 1950-2018
5.8.8.4.2. Crescimento Econômico no Brasil: 1948-2018
5.8.8.4.3. Taxa de Inflação no Brasil: 1944-2019
5.8.8.4.4. Carga Tributária no Brasil: 1900-2017
5.8.8.4.5. Curva de Lafer
6. Desenvolvimento Econômico
6.1. Definição de Desenvolvimento Econômico
6.2. Definição de Desenvolvimento Sustentável
6.3. Evolução Histórica do Conceito de Desenvolvimento Econômico
6.4. Cronologia da Teoria do Desenvolvimento Econômico
6.5. Teorias e Modelos de Desenvolvimento Econômico
6.5.1. Friedrich List (1789-1846) e o Progresso de Uma Nação
6.5.2. Teoria da Destruição Criadora de Schumpeter
6.5.3. Teoria do "Big-Push" ou Industrialização por Crescimento Equilibrado
6.5.4. Tese Prebisch-Singer ou da Deterioração dos Termos de Troca
6.5.5. Modelo dos Estágios de Desenvolvimento
6.5.6. Teoria dos Dois Hiatos
6.5.7. Teoria da Dependência
6.5.8. Teoria dos Sistemas Mundiais
6.5.9. Teoria da Mudança Estrutural
6.5.10. Teoria das Vantagens do Atraso

6.5.11. Teoria do Crescimento Desequilibrado
6.6. Abordagens Recentes ao Desenvolvimento Econômico e Humano
6.6.1. Desenvolvimento Humano
6.6.2. Equilíbrio Social e Desenvolvimento Econômico
6.6.2.1. IPH – Índice de Pobreza Humana
6.6.3. Sustentabilidade e Desenvolvimento Econômico
6.6.3.1. IBES – Índice de Bem-Estar Econômico Sustentável
6.6.3.2. IPG – Indicador de Progresso Genuíno
6.6.3.3. PIB Verde
6.6.4. Felicidade e Desenvolvimento Econômico
6.6.4.1. IFNB – Índice de Felicidade Nacional Bruta
6.6.4.2. IPF – Índice do Planeta Feliz
6.6.4.3. ISCV – Índice de Satisfação Com a Vida
6.7. Reflexões Sobre o Progresso e o Desenvolvimento Econômico
6.7.1. O Aspecto Econômico
6.7.2. O Aspecto Ambiental
6.7.3. O Aspecto Social
6.7.4. O Aspecto Político
6.7.5. O Aspecto Tecnológico
6.7.6. O Aspecto Militar
6.7.7. O Aspecto Humano
6.7.8. Os Princípios Morais
6.8. Limites ao Crescimento Econômico
6.9. Indicadores de Progresso Humano, Social e Ambiental
6.9.1. Progresso Humano
6.9.1.1. IDH - ÍNDICE DE DESENVOLVIMENTO HUMANO
6.9.1.1.1. Avaliando o IDH
6.9.1.1.2. Críticas ao IDH- Índice de Desenvolvimento Humano
6.9.1.2. IPH – Índice de Pobreza Humana
6.9.2. Progresso Social
6.9.2.1. Índice de Progresso Social - IPS
6.9.2.2. IVM - Índice de Vida Melhor – OCDE
6.9.3. Progresso Ambiental
6.9.3.1. IBES – Índice de Bem-Estar Econômico Sustentável
6.9.4. Outros Indicadores
6.9.4.1. IPG – Indicador de Progresso Genuíno
6.9.4.2. IFNB – Índice de Felicidade Nacional Bruta
6.9.4.3. IPF – Índice do Planeta Feliz
6.9.4.4. ISCV – Índice de Satisfação Com a Vida
6.9.4.5. PIB Verde
6.9.5. Visão Filosófica Sobre a Felicidade
7. O Problema da Informalidade
7.1. Definição de Economia Formal e de Economia Informal
7.2. Informalidade e Legislação
7.3. Implicações Negativas da Informalidade
7.4. Implicações Positivas da Informalidade
8. Exercícios Propostos
9. Bibliografia

1. Introdução

O objetivo deste livro é discutir as questões mais relevantes relacionadas com o crescimento econômico e o desenvolvimento econômico e apresentar as principais teorias, modelos e indicadores relacionados com esse processo. Inicialmente, definimos crescimento econômico, apresentamos a medida padrão do crescimento econômico e as críticas ao PIB per capita. Descrevemos a evolução histórica do conceito de crescimento econômico, os modelos de crescimento econômico (modelo Harrod-Domar, Modelo de Crescimento Econômico Exógeno ou Modelo de Crescimento Neoclássico e Modelo de Crescimento Endógeno), as críticas aos modelos de crescimento econômico, a evolução histórica do crescimento econômico e as variáveis teóricas explicativas do crescimento econômico.

Na segunda parte do livro, definimos desenvolvimento econômico, definimos desenvolvimento sustentável, apresentamos a evolução histórica do conceito de desenvolvimento econômico, a cronologia da teoria do desenvolvimento econômico, e as teorias do desenvolvimento econômico (a visão de Friedrich List sobre o progresso, destruição criadora de Schumpeter, Big-Push, Prebisch-Singer, estágios de desenvolvimento, dois hiatos, dependência, sistemas mundiais, mudança estrutural, vantagens do atraso e crescimento desequilibrado). Discorremos, também, sobre as abordagens recentes ao desenvolvimento, nossas reflexões sobre o desenvolvimento, os limites ao crescimento, os indicadores de desenvolvimento (IDH, IPH, Índice de Progresso Social, Índice de Vida Melhor, etc.) e o problema da informalidade.

2. Crescimento Econômico

Crescimento econômico é uma medida da variação na quantidade de bens e serviços produzida em determinado país ou região, ao longo de certo período de tempo, sem levar em conta como esses bens e serviços são distribuídos na sociedade. Portanto, a taxa de crescimento econômico pode ser interpretada como uma medida do progresso econômico de uma nação.

2.1. Medida do Crescimento Econômico

A medida-padrão do crescimento econômico é o PIB – Produto Interno Bruto per capita (por habitante), a qual tem sido também utilizada, ao longo do tempo, como um indicador do padrão de vida médio de uma determinada sociedade. Esse indicador pode ser visto como a renda média de certa comunidade. O crescimento do produto ou da renda per capita tem sido associado à melhoria das condições de vida ou bem-estar social. Matematicamente:

$$PIB\ per\ capita = \frac{PIB}{População}$$

2.2. Críticas ao PIB per Capita

São de várias ordens as críticas ao PIB per capita como medida do bem-estar social:

- Não leva em conta as desigualdades de renda entre os indivíduos.
- Não considera as atividades informais da economia.
- Não calcula os custos ambientais (externalidades negativas) da produção e do consumo.
- Não inclui as atividades das donas-de-casa que não são remuneradas.
- Não considera variáveis qualitativas importantes como longevidade, acesso a educação, saúde e conhecimento.

Assim, como veremos posteriormente, indicadores de desenvolvimento, tais como o IDH – Índice de Desenvolvimento Humano ou o IPH – Índice de Privação Humana, são muito mais apropriados para medir o bem-estar social do que o PIB per capita.

3. Evolução Histórica do Conceito de Crescimento Econômico

O conceito de crescimento econômico tem variado ao longo do tempo, conforme exposto a seguir.

Período Pré-Mercantilismo: Não havia um conceito estruturado de crescimento econômico. As economias, ainda muito primitivas, cresciam a taxas muito baixas ou mesmo não havia crescimento econômico.

Mercantilismo: O crescimento era associado à acumulação de ouro e outros metais preciosos, sob o controle do Estado. O expansionismo territorial e a formação de colônias estão inseridos dentro dessa lógica, visando aumentar o saldo comercial e a acumulação de riqueza. O termo "acumulação primitiva" é associado a esse período. O superávit da balança comercial pode ser visto como o motor do crescimento econômico. Surge o conceito de reserva de mercado com o Pacto Colonial.

Revolução Industrial: O conceito de crescimento econômico fica associado à produção manufatureira. O desenvolvimento da indústria manufatureira, a importação de matérias-primas baratas e a exportação de bens manufaturados como motor do crescimento econômico surge com a Revolução Industrial.

Liberalismo Econômico: O conceito de liberalismo econômico surge com a Revolução Industrial na Inglaterra e a produção manufatureira atomizada. Surge a concepção moderna do crescimento econômico, primeiro, com os Fisiocratas e, em seguida, com Adam Smith (1723-1790) e David Ricardo (1772-1823). A grande preocupação era estudar as causas da riqueza das nações. A teoria das vantagens comparativas de David Ricardo dá o suporte em favor da estratégia de livre comércio como motor do crescimento econômico, altamente benéfica para a Inglaterra, nação-líder da Revolução Industrial, e para outras nações que seguiram seus passos.

Adam Smith

David Ricardo

Século XX: Surgem os modelos formais de crescimento econômico: modelo Harrod-Domar, modelo neoclássico e modelo de crescimento endógeno. Novas variáveis são incorporadas: taxa de poupança, relação capital-produto, tecnologia, taxa de investimento, progresso técnico, força de trabalho e capital humano. Esses modelos tentam determinar as variáveis que poderiam explicar o crescimento econômico dos países capitalistas desenvolvidos.

Roy Harrod   Evsey Domar

Século XXI: O crescimento econômico no contexto da globalização: o aproveitamento das vantagens comparativas pelas empresas globais. A concentração do capital. A ascensão de novas potências industriais e tecnológicas.

4. Cronologia da Teoria do Crescimento Econômico

O crescimento econômico é um dos temas mais estudados pelos economistas ao longo da História. A razão fundamental para isso é que, sendo o crescimento econômico o aumento na produção de bens e serviços ao longo do tempo, pode-se estabelecer uma relação direta entre crescimento econômico e melhoria da qualidade de vida, razão última de qualquer política econômica. Em termos cronológicos, resumidamente, a teoria do crescimento econômico evolui como segue:

- **Séculos XV a XVII**: Mercantilismo: A acumulação de riqueza pelo Monarca (Estado) como medida (motor) do crescimento econômico.

Jean-Baptiste Colbert (1619-1683)

- **Séculos XVIII e XIX**: Economia Clássica: estudar os fatores que determinavam a riqueza das nações e, assim, o crescimento econômico, a longo prazo.
- **1850-1910**: Auge do Marginalismo e defesa do liberalismo econômico como motor do crescimento econômico.
- **Final do Século XIX e Início do Século XX**: Teoria dos Ciclos Econômicos: determinar os fatores que desviavam a economia de sua tendência de crescimento de longo prazo. Grande preocupação com o Capitalismo Monopolista e com a concentração do poder econômico das firmas.
- **Anos 1920s**: Modelos de Crescimento Ótimo (Ramsey (1928); von Neumann (1925). Área da teoria econômica estudada pela primeira vez pelo economista matemático Frank P. Ramsey (1903-1930) e pelo matemático J. Von Neumann (1903-1957). O problema fundamental é determinar o caminho de crescimento ótimo que o sistema econômico deve seguir, uma vez definidos os objetivos de longo prazo a alcançar, utilizando basicamente instrumental matemático.

F. Ramsey

- **Anos 1930's e 1940's**: Modelos de Crescimento Harrod-Domar: fortemente influenciados pelos impactos da Grande Depressão, demonstram grande pessimismo quanto à possibilidade de haver um processo de crescimento econômico forte e estável a longo prazo. O capitalismo é visto como um sistema instável e a teoria econômica é fortemente influenciada pela Teoria Geral de Keynes.
- **Anos 1950's e 1960's**: Auge da Teoria do Crescimento Econômico: entender as tendências do crescimento econômico a longo prazo, o ciclo econômico sendo visto como passageiro. Modelos neoclássicos de crescimento a um setor, a dois setores e multissetores. Modelos de safra. Modelos de crescimento exógeno. Modelo de Solow. A Escola de Cambridge: a controvérsia do capital, o modelo de Kaldor, o modelo de Kaldor-Pasinetti, as regras de bolso de colete. Joan Robinson e suas idades metálicas. Fase áurea do capitalismo: grande otimismo e crescimento e liderança das ideias keynesianas. O apogeu da publicação de artigos sobre crescimento econômico ocorre na metade dos anos 1960s.

N. Kaldor (1908-1986)   J. Robinson(1903-1983)

- **Análise do Resíduo** – área econômica criada, fundamentalmente, pelos trabalhos de E. F. Denison (1915 - 1992) e R. H. Solow (1924 -), dentre outros, a partir da constatação empírica de que o crescimento econômico nos Estados Unidos no século XX é menos explicado pelas variações observadas nos níveis de capital e na oferta de mão de obra do que pelo progresso tecnológico, o que veio a ser conhecido como "fator residual".
- **Anos 1970s**: Limites ao Crescimento. Começo das preocupações com os impactos do crescimento econômico sobre o meio ambiente. 1973-1985: Período caracterizado pelo ocaso da teoria do crescimento econômico, com o praticamente desaparecimento de novos trabalhos acadêmicos sobre o tema, em função da incapacidade dos modelos neoclássicos explicarem a grande instabilidade que caracterizou o período, em particular o problema da "estagflação', ou seja, a combinação de estagnação econômica

com a inflação elevada. Primeiras crises do petróleo. Modelos de Crescimento Liderado Pelas Exportações (Modelo de A.P.Thirwall). A experiência dos "Tigres Asiáticos". Contraposição crescimento liderado pelo mercado interno versus crescimento liderado pelas exportações.

Antony P. Thirwall (1941-), economista pós-keynesiano, biógrafo de Nicholas Kaldor e autor do célebre livro "Economics of Development: Theory and Evidence", demonstrou que se um país de preocupa com o equilíbrio de longo prazo do balanço de pagamentos, sua taxa de crescimento da renda nacional (y_{Bt}) pode ser aproximada pela relação entre a taxa de crescimento das exportações (x_t) e a elasticidade da demanda por importações (π), conhecida, na literatura pós-keynesiana, como a "Lei Fundamental de Thirwall":

$$y_{Bt} = \frac{x_t}{\pi}$$

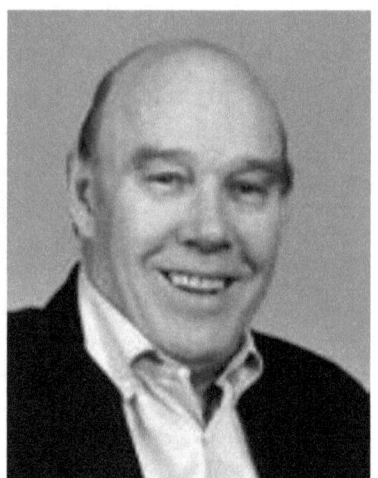

Antony P. Thirwall

- Anos 1980's: Nova Teoria do Crescimento Econômico Endógeno. Modelo de Romer (1986) e importância dos retornos crescentes de escala no crescimento econômico. Ascensão do neoliberalismo econômico: Ronald Reagan (Estados Unidos) e Margareth Thatcher (Reino Unido).
- Visão atual sobre o crescimento econômico. O papel da tecnologia de informação e do conhecimento no crescimento econômico. O aprofundamento da globalização. A expansão de Brasil, China, Coreia do Sul, Índia e Rússia. Novas possibilidades de convergência entre os países desenvolvidos e os países em desenvolvimento.

Evolução Econômica e Social (marcha do tempo)

	Primeira Onda ou Sociedade Pré-Industrial	Segunda Onda ou Sociedade Industrial	Terceira Onda ou Sociedade Baseada na Informação
Recurso-Chave	Terra	Maquinaria Industrial	Conhecimento
Setor Dominante da Economia	Agricultura	Indústria	Serviços
Grupos Sociais	Camponeses, Proprietários de Terra	Trabalhadores, Empresários	Consumidores, Tecnocratas
Tecnologias Dominantes	Agricultura	Energia e Processos	Informática, Telemática, Robótica, Biotecnologia, Novos Materiais
Era da História	Séc. 30 a.C. até Séc. 18 D.C.	Séc. 18 D.C. até 1950	A partir de 1950
Tipo de Desenvolvimento Econômico	Linear, Moderado	Exponencial, Conflitivo	Assintótico, Equilibrado

Fonte: Daniel Bell (1970) e Alvin Toffler(1973), citado em Mosquera (1991).

Dois importantes trabalhos merecem ser citados: Alvin Toffler (1928 - 2016) publicou "O Choque do Futuro", 1970; e Daniel Bell (1919-2011) publicou "A Sociedade Pós-Industrial" ("The Coming of Post Industrial Society: A Venture in Social Forecasting"), 1973.

Alvin Toffler

5. Modelos de Crescimento Econômico

Os economistas procuram estudar o fenômeno do crescimento econômico metodologicamente. Para isso, constroem modelos econômicos em que procuram separar as variáveis mais importantes para explicar o crescimento econômico. Um breve resumo dos principais modelos de crescimento econômico é apresentado a seguir.

5.1. Modelo Harrod-Domar

O modelo Harrod-Domar leva o nome de dois economistas que o formularam de modo independente, Sir Roy Harrod (1900-1978) e Ivsey Domar (1914-1997) e representa a primeira tentativa de modelar analiticamente o crescimento econômico. Esse modelo começa em 1939 quando Harrod, economista britânico da Universidade de Oxford de orientação keynesiana e que introduz uma análise dinâmica do processo econômico, publica "Essay in Dynamic Theory"; e se consolida com as publicações de Domar, economista polonês de orientação keynesiana, no período 1946-47. Esse modelo define uma relação funcional em que a taxa de crescimento do produto (g) depende diretamente da taxa de poupança nacional (s) e inversamente da relação capital-produto nacional (k). Assim,

$$g = \frac{s}{k}$$

Onde:

$$g = \frac{\Delta Y}{Y}$$

$$k = \frac{\Delta K}{\Delta Y}$$

$$s = \frac{\Delta Y}{Y} \frac{\Delta K}{\Delta Y}$$

Portanto, pelo modelo Harrod-Domar, quanto maior a taxa de poupança e menor a relação capital-produto, maior a taxa de crescimento econômico de um país.

Harrod define as taxas de crescimento garantida (g_w) e natural (g_n), fazendo a interação do multiplicador com o acelerador na linha de seu trabalho "Trade Cycle", de 1936. A questão central, para Harrod, era manter em igualdade essas duas taxas, face ao caráter instável do sistema capitalista.

Domar chegou a conclusões semelhantes, embora empregando uma notação diferente.

A taxa de crescimento garantida (g_w) seria "... a taxa global de progressão que, se for realizada, deixaria os empresários prontos para realizar uma progressão idêntica no período seguinte" (Harrod, 1948).

$$g_w = \frac{\Delta Y^e}{Y}$$

Por seu turno, a taxa de crescimento natural (g_n) seria a taxa permitida a longo prazo pelo crescimento da força de trabalho e pelo progresso tecnológico.

Ainda que o modelo Harrod-Domar procurasse explicar o equilíbrio de longo prazo nas economias capitalistas avançadas, face a sua grande simplicidade, no período do pós-Segunda Guerra Mundial esse modelo foi muito usado nos países em desenvolvimento em políticas de planejamento econômico. Ao se fixar uma determinada taxa de crescimento econômico (g), automaticamente se determina a taxa de poupança nacional (s) necessária para financiar esse crescimento. Caso a poupança nacional não seja suficiente, abre-se a possibilidade de tomar empréstimos no exterior, recorrendo à poupança externa. Esse princípio levou à famosa fórmula de fazer o bolo crescer (renda) para depois distribuir o bolo (renda) nos países em desenvolvimento e no Brasil, em particular, nos anos 1970s, subjugando a distribuição da renda à necessidade primeira de fazer a renda crescer.

5.2. Modelo de Crescimento Econômico Exógeno ou Modelo de Crescimento Neoclássico

O termo "teoria do crescimento exógeno" é atribuído a um conjunto amplo de trabalhos que analisa o crescimento econômico de longo prazo, a partir dos princípios teóricos neoclássicos. O modelo de crescimento exógeno ou modelo de crescimento neoclássico foi desenvolvido por Robert Solow (1956) e Trevor W. Swan (1956), entre outros autores, e dá grande ênfase ao papel da tecnologia na explicação da taxa de crescimento econômico. Nesse sentido, ele também é conhecido como "modelo de crescimento neoclássico" ou "modelo de crescimento de Solow". Robert Solow (1924 -) recebeu o Prêmio Nobel de Economia de 1987, por sua grande contribuição à análise do crescimento econômico.

R. Solow   T. Swan (1918-1989)

Modelo de Solow:

$$Y(t) = K(t)^\alpha (A(t) L(t))^{1-\alpha}$$

Onde:

Y(t) = Produção total.
K(t) = Capital.
L(t) = Trabalho.
t = Tempo.
A(t) = Tecnologia.
α = Elasticidade do produto em relação ao capital (0<α<1).

Neste modelo, Trabalho (L) e Tecnologia (A) crescem exogenamente, respectivamente, a taxas constantes n e g:

$$L(t) = L(0)e^{nt}$$

$$A(t) = A(0)e^{gt}$$

No modelo de Solow, a função de produção tem retornos constantes de escala, trabalho e tecnologia crescem a taxas constantes, a produção se divide entre consumo e investimento e o investimento é considerado exógeno e cresce a taxas constantes.

Na prática, a contribuição mais importante do modelo neoclássico foi incluir um termo – o crescimento da produtividade – ao modelo Harrod-Domar. O modelo de Solow – segunda tentativa de modelar analiticamente o crescimento – considera o trabalho como um fator de produção, assumindo retornos constantes de escala para ambos os fatores, além de introduzir a tecnologia como uma variável distinta de capital e trabalho.

O modelo de Solow também se distingue do modelo Harrod-Domar porque as relações capital-produto e capital-trabalho são variáveis (no modelo Harrod-Domar são fixas), levando a que o conceito de progresso técnico seja diferente do conceito de intensidade do capital.

As implicações do modelo neoclássico são que a taxa de crescimento é exogenamente determinada (fora do modelo), convergindo a longo prazo para uma taxa de crescimento estável e constante (crescimento zero da renda per capita a longo prazo), dependente apenas da taxa de progresso técnico e da taxa de crescimento da força de trabalho.

Esse modelo, portanto, difere do modelo Harrod-Domar em dois pontos fundamentais:

- A taxa de poupança determina o nível de renda, mas não a taxa de crescimento econômico. Aumentos permanentes na propensão a poupar, ainda que aumentem os níveis de produto por trabalhador e de capital por trabalhador, não alteram a taxa de crescimento econômico a longo prazo.

- A mudança tecnológica é o principal determinante da taxa de crescimento econômico. Solow (1957), mostrou que 90 por cento do crescimento econômico nos Estados Unidos, num longo período de tempo, eram explicados por essa variável: " (...) por aritmética a taxa de crescimento do produto por pessoa ou por trabalhador era definido pela taxa de progresso tecnológico trabalho-aumentador" (Solow, 2000, p. 97).

Ambos os modelos – neoclássico e Harrod-Domar -, contudo, ressaltam a importância da cumulação de capital na explicação da taxa de crescimento econômico.

No modelo de Solow, os países que mais cresceriam a longo prazo seriam aqueles que ou inovassem mais ou tivessem maior crescimento populacional. Ou seja:

- Havendo crescimento do capital em relação ao trabalho, aumentará o crescimento econômico porque a força de trabalho ficará mais produtiva.

- Os países mais pobres crescerão a taxas mais elevadas, porque a produtividade do capital nesses países será maior do que em países com estoque de capital muito maior.

- Assumindo retornos decrescentes do capital, haverá um ponto no futuro em que acréscimos no estoque de capital não produzirão mais crescimento econômico, uma situação de crescimento estável. O progresso tecnológico poderia superar esse problema, mas, nesse modelo, ele é exógeno, ou seja, determinado fora do modelo.

De acordo com o modelo de Solow, os países mais pobres tenderiam a convergir a longo prazo para os níveis de renda dos países ricos, mas, com exceção de alguns países da Ásia, como Japão e Coreia do Sul, isso não ocorreu, levando os críticos a deduzir que outras variáveis explicam o crescimento econômico, tais como variáveis institucionais, liberdade de comércio e empreendedorismo e políticas educacionais e tecnológicas ativas.

Kenneth Arrow (1962) introduziu na teoria do crescimento econômico o efeito aprendizado ("learning-by-doing"), em que o aumento do estoque de capital físico gera desenvolvimento tecnológico pelo aprendizado das firmas ao lidar com esse capital.

Kenneth Arrow

5.3. Modelo do Crescimento Econômico Endógeno

A teoria ou modelo do crescimento endógeno surgiu nos anos 1980s tentando responder às críticas feitas aos modelos de crescimento neoclássicos. A teoria do crescimento endógeno tenta corrigir as falhas dos modelos neoclássicos, construindo modelos de crescimento fortemente baseados nos princípios microeconômicos, em que as famílias maximizam sua utilidade sujeita a restrições orçamentárias, enquanto que as firmas são agentes maximizadores de lucro. Além disso, consideram o capital, o trabalho e o progresso tecnológico como variáveis endógenas (dentro do modelo). Robert Lucas Jr. (1988) afirma ser o capital humano incorporado na força de trabalho a principal causa do crescimento econômico a longo prazo. Lucas (op cit), a partir do modelo de H. Uzawa (1965), considera o capital humano o motor do crescimento econômico, em função dos efeitos de "spillover" ("transbordamentos") do capital humano entre as diversas economias. A convergência dos níveis de renda entre os diversos países vai depender do grau de relacionamento entre os mesmos.

Y = F (K, L, T)

Onde:

Y = Renda; K = Capital; L = Trabalho; T = Tecnologia.

R. Lucas Jr.

Esta teoria inclui uma explicação matemática atribuindo papel fundamental ao desenvolvimento tecnológico e à formação de capital humano (habilidades e conhecimento que aumentam a produtividade da força de trabalho) na explicação do processo de crescimento econômico e afirma que a política econômica pode afetar a taxa de crescimento de longo prazo ao estimular os investimentos em P&D tecnológico (inovação) e em educação e treinamento da mão de obra (formação).

De acordo com a teoria do crescimento endógeno, ao contrário do capital físico, o capital humano apresentaria retornos crescentes de escala. Não haveria, assim, retornos constantes do capital, como nos modelos de Solow. Dessa forma, as economias capitalistas nunca alcançariam uma situação de estagnação da taxa de crescimento da renda per capita a longo prazo.

Nesse sentido, pode-se inferir que essa teoria é capaz de explicar melhor porque os países mais desenvolvidos crescem mais do que os países mais pobres e também porque alguns países em desenvolvimento, notadamente da Ásia, tais como Japão e Coreia do Sul, convergiram mais rapidamente para os níveis de desenvolvimento dos primeiros, na medida em que esses países investirem fortemente em capital humano e expandiram seus investimentos em P&D tecnológico. Por outro lado, os países mais pobres se afastariam cada vez mais dos países desenvolvidos e dos de crescimento rápido, aumentando as disparidades de renda a nível mundial.

Ainda que muitos modelos de crescimento endógeno assumam concorrência perfeita e, assim, produtividade marginal do capital constante, muitos outros modelos assumem a existência de algum grau de monopólio através da criação de patentes.

O trabalho de Paul Romer (1955 -) nessa área, ao longo dos últimos anos, tem sido construir formulações matemáticas em que o progresso tecnológico é visto como o resultado da ação deliberada dos agentes econômicos através da intensificação da pesquisa e do desenvolvimento tecnológicos, com a particular hipótese de que os gastos em P&D geram retornos crescentes de escala, fator essencial na manutenção do crescimento econômico de longo prazo. Como vimos, os retornos crescentes de escala de P&D tecnológico garantiriam que o sistema econômico capitalista não convergisse para a estagnação econômica, como nos modelos de Solow.

Paul Romer

Romer, Paul M. (1994) "The Origins of Endogenous Growth". *Journal of Economic Perspectives* 8(1) inverno 1994.

Romer (1986) ressalta as externalidades geradas pela acumulação de capital e Romer (1990) define os investimentos em P&D como a principal fonte do progresso tecnológico e, assim, do crescimento econômico.

Em Romer (1986) podemos inferir que uma política econômica ativa do Estado pode promover o crescimento econômico ao estimular o investimento em P&D.

5.4. Críticas aos Modelos de Crescimento Econômico

As principais críticas aos modelos de crescimento econômico são:

- Utilizam hipóteses não compatíveis com a realidade observada.
- Não incorporam o papel das políticas públicas no crescimento.
- Apesar do grande esforço humano e intelectual e da imensa quantidade de artigos e livros sobre o tema, não foram capazes de explicar adequadamente a expansão capitalista dos anos 1950s e 1960s, em particular a experiência da Europa Ocidental e do Japão.
- Não explicam adequadamente o papel da poupança e do progresso tecnológico no crescimento econômico de longo prazo.

Por outro lado, reconhece-se que alguns desses modelos enfatizam adequadamente o papel de variáveis-chaves no crescimento econômico, tais como investimento e tecnologia, além de servir como uma estrutura teórica para estabelecer hipóteses comportamentais relacionadas com eventuais medidas de política econômica.

5.5. Crescimento Econômico e Clima

A literatura do crescimento econômico também tem estudado a relação entre o crescimento econômico e o clima. Países com clima mais frio tenderiam a crescer mais do que países com clima mais quente. Todavia, as relações causais e os outros fatores relacionados precisam ser estudados de modo mais rigoroso e profundo.

5.6. Evolução Histórica do Crescimento Econômico e da População

Crescimento Populacional e do Produto per capita (Taxa Média Anual %)		
Época/Sistema	População	Produto per capita
Agricultura (500-1500)	0,1	0,0
Agricultura Desenvolvida (1500-1700)	0,2	0,1
Capitalismo Mercantilista (1700-1820)	0,4	0,2
Capitalismo (1820-1980)	0,9	1,6

Fonte: Angus Maddison, Phases of Capitalismo Developmente, Oxford e New York: Oxford University Press, 1982, Tabela 1.2, citado em Sachs-Larrain (1992, p. 619).

Angus Maddison (1926-2010)

A partir do quadro acima, podemos inferir:

- Há uma aceleração da taxa de crescimento populacional ao longo do tempo, devida à melhoria acentuada nas condições de vida mundiais (urbanização, acesso a saneamento básico e água potável, serviços de saúde, etc.).
- O período 500-1500 é caracterizado por uma completa estagnação do produto per capita.
- O Mercantilismo (1500-1700) não foi capaz de acelerar a taxa de crescimento do produto per capita, ainda que tenha produzido algum crescimento.
- O crescimento econômico sustentado a longo prazo a taxas elevadas é um fenômeno só alcançado pelo Capitalismo a partir de 1820.

5.7. Reflexões Sobre o Crescimento Econômico

O caráter instável das economias capitalistas tem levado os economistas e a classe política a se preocuparem com a administração da economia a curto prazo, tentando encontrar remédios para solucionar os problemas decorrentes dos ciclos econômicos, em especial a desaceleração no crescimento econômico e, mesmo, a recessão e a depressão econômicas.

Todavia, a questão central da economia, e que tem ocupado os corações e as mentes de muitos economistas e políticos, é o crescimento econômico de longo prazo, que é aquele que garantiria uma melhoria permanente na qualidade de vida dos indivíduos como um todo. A lógica é cartesiana: sendo o bem-estar social medido pelo consumo de um conjunto de bens e serviços, quanto maior o crescimento econômico, maior a produção desses bens e serviços, maior o consumo e maior o bem-estar social.

Portanto, a questão central da economia é determinar as variáveis e as condições que garantiriam o crescimento econômico de longo prazo.

5.8. Variáveis Teóricas Explicativas do Crescimento Econômico

A partir dos modelos de crescimento econômico podemos identificar as variáveis teóricas mais importantes na explicação do crescimento econômico de longo prazo, as quais são apresentadas a seguir.

5.8.1. Taxa de Poupança

Espera-se uma relação direta entre a taxa de poupança e a taxa de crescimento econômico. Sociedades que poupam mais e consomem menos no presente podem investir mais na capacidade de produção, permitindo maior produção de bens e serviços no futuro e, portanto, maior crescimento econômico.

5.8.2. Relação Capital-Produto

A teoria econômica define uma relação inversa entre a taxa de crescimento econômico e a relação capital-produto. Ou seja, economias com menor relação capital-produto precisariam passar por longos períodos de investimentos em capital (máquinas, equipamentos, construções), o que promoveria maiores taxas de crescimento econômico.

5.8.3. Taxa de Crescimento da Produtividade

Espera-se uma relação direta entre a taxa de crescimento da produtividade e a taxa de crescimento econômico. Sociedades mais produtivas são mais capazes de gerar renda e, portanto, maior crescimento econômico. A produtividade pode ser medida, por exemplo, pela relação entre o valor da produção e o número de horas trabalhadas.

5.8.4. Progresso Tecnológico

Espera-se uma relação direta entre a taxa de progresso tecnológico e a taxa de crescimento econômico. O desenvolvimento tecnológico levaria a maior produtividade do capital e da força de trabalho, estimulando o crescimento econômico. Como vimos, em alguns modelos, pelas externalidades positivas que gera, o progresso tecnológico provoca retornos crescentes de escala, fator que permitiria manter o crescimento econômico a longo prazo, evitando a estagnação econômica, como sugerido nos modelos de Solow.

5.8.5. Taxa de Crescimento da Força de Trabalho

Espera-se uma relação direta entre a taxa de crescimento da força de trabalho e a taxa de crescimento econômico. Maior disponibilidade do fator de produção trabalho permite a expansão do sistema econômico, levando a maior crescimento da economia.

5.8.6. Taxa de Investimento

Espera-se uma relação direta entre a taxa de investimento e a taxa de crescimento econômico. A expansão contínua do estoque de capital (máquinas, equipamentos, construções), gera efeitos positivos sobre a capacidade de produção de bens e serviços e, assim, sobre a capacidade de crescimento econômico.

5.8.7. Capital Humano

Espera-se uma relação direta entre o aperfeiçoamento do capital humano ("conjunto de habilidades e competências dos indivíduos"), mediante o crescimento dos investimentos em educação, saúde e habilidades, e a taxa de crescimento econômico. Maiores e melhores conhecimentos por parte da força de trabalho, contribuem para a melhoria de sua produtividade e, assim, para o aumento da taxa de crescimento econômico. Isso explica porque alguns países têm uma política deliberada de atração de profissionais qualificados e que, na prática, leva à chamada "fuga de cérebros" de outros países.

5.8.8. Outras variáveis Explicativas do Crescimento Econômico

5.8.8.1. Infraestrutura: A construção de adequada infraestrutura econômica (escolas, hospitais, universidades, portos, aeroportos, rodovias, telecomunicações e internet) ajudaria a promover o crescimento econômico e a reduzir os custos da atividade econômica ("Custo Brasil"), tornando o país mais competitivo.

5.8.8.2. Regulação ou Garantia dos Contratos: A redução do risco jurídico do investimento e o estabelecimento dos direitos de propriedade ajudaria a promover os investimentos e estimularia o crescimento econômico.

5.8.8.3. Controle das Contas Públicas: Políticas de controle rigoroso das contas públicas e do déficit público permitiria ao sistema econômico produzir com menor carga tributária, aumentando a competitividade das empresas e promoveria o crescimento econômico.

5.8.8.4. Nível da Competitividade Internacional: Um elevado nível de competitividade internacional das empresas promoveria o aumento das exportações, o controle dos déficits no balanço de pagamentos e estimularia o crescimento econômico.

5.8.8.4.1. Participação do Brasil no Comércio Mundial: 1950-2018

Como se vê no gráfico abaixo, o Brasil vem perdendo, tendencialmente, participação no comércio mundial de bens e serviços. As exportações brasileiras, que alcançaram 2,4% das exportações mundiais em 1950, reduziram essa participação para 1,2% em 2018. As importações, por sua vez, tiveram essa participação reduzida de 2,3% em 1951 para 0,9% em 2018. Esses dados, portanto, denotam fraco dinamismo da economia brasileira no contexto mundial, fator que contribui negativamente para o crescimento econômico.

5.8.8.4.2. Crescimento Econômico no Brasil: 1948-2018

Como pode ser visto no gráfico acima, a economia brasileira é caracterizada por apresentar grande instabilidade histórica em sua taxa de crescimento econômico no período 1948-2018. A curva de longo prazo das taxas de crescimento econômico do Brasil parece uma verdadeira montanha russa, demonstrando a incapacidade do país em manter uma taxa de crescimento estável a longo prazo.

A taxa de crescimento econômico no período 1948-2018 (em torno de 4,7% ao ano) é substancialmente menor do que a obtida no período pós-primeiro choque do petróleo (1974-80), de aproximadamente 7% ao ano e muito menor do que a obtida no período "Milagre Econômico" brasileiro (1967-73), superior a 10% ao ano.

Por sua vez, a taxa de crescimento no chamado "período democrático" brasileiro (1988-2018) de 2,1% ao ano é muito inferior à média do "período militar" (1964-1985), de 6,4% ao ano.

A taxa média de crescimento anual do Governo Militar (1964-1984) foi de 6,4%, do Governo Sarney (1985-1989) de 4,4%, do Governo Collor (1990-1992) de -1,3%, do Governo Itamar Franco (1992-1994) de 5,4%, do Governo FHC (1995-2002) de 2,4%, do Governo Lula (2003-2010) de 4,1%, do Governo Dilma (2011-2016) de 0,3% ao ano e do Governo Temer (2017-2018) de 1,1%.

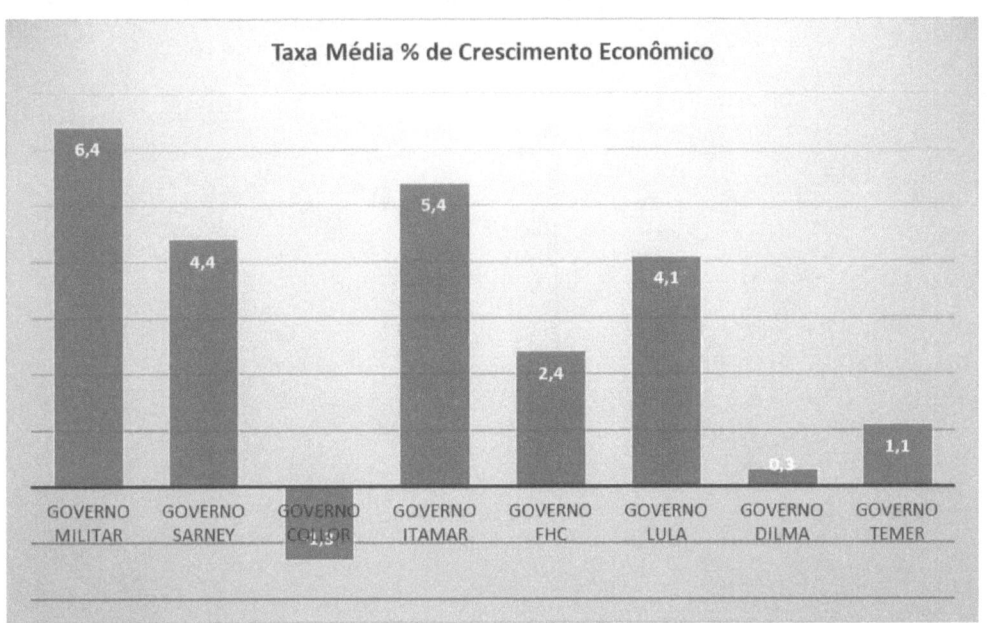

5.8.8.4.3. Taxa de Inflação no Brasil: 1944-2019

O ápice histórico das taxas mensais de inflação no Brasil ocorreu nos meses de dezembro de 1989 (49,39%), janeiro de 1990 (71,9%), fevereiro de 1990 (71,68%) e março de 1990 (81,32%).

Do ponto de vista econômico, o chamado período militar no Brasil pode ser considerado muito exitoso, na medida em que apresentou elevada taxa média de crescimento econômico (6,4%) e baixa taxa média de inflação (3,7%).

O período democrático brasileiro, nos Governos Sarney, Collor e Itamar Franco, apresentou elevadas taxas médias de inflação mensal (19,26%, 19,72% e 27,52%, respectivamente). Com a elaboração do Plano Real, no Governo Itamar Franco, o Brasil conseguiu, finalmente, domar a inflação de modo permanente e, nos governos seguintes, a taxa média mensal de inflação é bastante reduzida para os padrões brasileiros (0,97% no Governo FHC, 0,52% no Governo Lula, 0,56% no Governo Dilma e 0,27% no Governo Temer).

Não obstante haja muitas teorias econômico-sociais que poderiam explicar essa redução acentuada da taxa de inflação, penso que a explicação mais poderosa foi a decisão da sociedade brasileira de não mais conviver com elevada inflação e os custos econômicos e sociais dela advindos, passando a ter práticas de comportamento que recusam o convívio com elevada inflação.

PLANOS DE ESTABILIZAÇÃO ECONÔMICA

PLANO	PRESIDENTE	CONG. PREÇOS	CONG. SALÁRIOS	CONG. CÂMBIO	DESV. CAMBIAL	ALTERAÇÃO DO PADRÃO MONETÁRIO	OUTROS
CRUZADO (1986)	JOSÉ SARNEY	SIM	SIM	SIM	NÃO	CRUZEIRO PARA CRUZADO	• Correção anual de contratos;
BRESSER (1987)	JOSÉ SARNEY	SIM	NÃO	NÃO	SIM (9,5%)	NÃO	• Criação da URP – unidade de referência de preços (correção de ativos).
VERÃO (1989)	JOSÉ SARNEY	SIM	SIM	NÃO	SIM (16,38%)	CRUZADO PARA CRUZADO NOVO	• Extinção das OTN's;
COLLOR I (1990)	COLLOR	SIM	NÃO (reajuste salarial mensal)	NÃO	NÃO	CRUZADO NOVO PARA CRUZEIRO	• Bloqueio de ativos financeiros; • Privatização; • Abertura comercial; • Criação dos Certificados de Privatização; • Alongamento da dívida e redução da remuneração.
COLLOR II (1991)	COLLOR	SIM	SIM	NÃO	NÃO	NÃO	• Criação da TR; • Extinção do BTN (Bônus) fiscal; • Criação da NTN.
REAL (1994)	ITAMAR FRANCO	NÃO	NÃO	NÃO	NÃO	CRUZEIRO REAL PARA REAL*	• Criação da URV – unidade real de valor; • Redução da IOF; • Extinção da UFIR diária; • Valorização cambial.
REAL COMPLEM. (1995)	FHC	NÃO	NÃO	NÃO	NÃO	NÃO	• Extinção da correção monetária; • Extinção da ufir; • Criação da TBF-Taxa Básica Financeira; • Anualização dos contratos; • Extinção do IPC-r; Lei de responsabilidade fiscal; • Aceleração e ampliação do Programa Nacional de Desestatização.

5.8.8.4.4. Carga Tributária no Brasil: 1900-2017

ANO	Carga Tributária*
1900	10,62
1910	12,49
1920	7,00
1930	8,36
1940	13,55
1950	14,42
1960	17,42
1970	25,98
1980	24,45
1988	23,36
1990	27,94
2000	29,87
2001	31,54
2002	32,03
2003	31,39
2004	32,37
2005	33,57
2006	33,32
2007	33,67
2008	33,59
2009	32,31
2010	32,50
2011	33,38
2012	32,49
2013	32,58
2014	31,90
2015	32,15
2016	32,34
2017	32,30

*Carga Tributária Bruta/PIB (%).

Fonte: *https://www12.senado.leg.br/ifi/dados/arquivos/carga-tributaria/at_download/file*

Como pode ser visto no gráfico acima, a carga tributária no Brasil mostra uma clara tendência básica de crescimento ao longo do período 1900-2017, notadamente a partir dos anos 1920s. A mais óbvia explicação para essa tendência histórica é a modernização progressiva da economia e da sociedade, que passa a demandar maiores e mais sofisticados serviços públicos (educação, saúde, justiça, segurança, defesa nacional, diplomacia, transportes públicos) que precisam ser financiados com tributos.

Há uma forte inclinação da curva após a Revolução de 1964, quando foram criadas inúmeras instituições públicas e modernizadas outras já existentes que exigiram o aumento da carga tributária, em paralelo à própria modernização da capacidade de fiscalização e arrecadação do Estado brasileiro.

Uma outra forte inclinação da curva ocorre após 1988, com a promulgação da chamada "Constituição Cidadã" de 1988, que estabeleceu uma série de direitos constitucionais visando a melhoria dos indicadores sociais e a redistribuição da renda e que modernizou significativamente a estrutura tributária nacional, inclusive com a criação de diversos novos tributos.

No período recente, a curva da carga tributária brasileira encontrou um certo ponto de resistência, que pode ser explicado com o comportamento da sociedade brasileira que se nega a continuar financiando gigantescos gastos públicos que não se materializam em serviços públicos minimamente aceitáveis. Na verdade, a sociedade clama pela redução da carga tributária e o aumento da eficiência da economia, exigindo mais investimento privado e menos investimento público.

5.8.8.4.5. Curva de Lafer

A Curva de Lafer estabelece uma relação em forma de u-invertido entre a arrecadação tributária e a alíquota do imposto. Assim, o aumento da alíquota do tributo geraria aumento da arrecadação apenas até certo ponto, a partir do qual se esgotaria a capacidade de arrecadação do Estado. Como dito anteriormente e como pode ser visto no gráfico acima, a carga tributária no Brasil parece ter atingido um ponto de grande resistência, a partir do qual os efeitos sobre a arrecadação são negativos, notadamente em função dos impactos perversos sobre o estímulo ao trabalho e sobre a viabilidade dos negócios.

Uma outra forma de retratar a Curva de Laffer é estabelecer uma relação em forma de u-invertido entre a carga tributária e o nível da arrecadação de tributos. Assim, o aumento da carga tributária geraria aumento da arrecadação apenas até certo ponto, a partir do qual se esgotaria a capacidade de arrecadação do Estado.

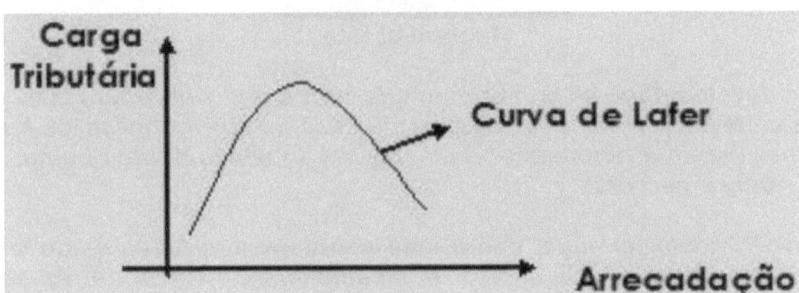

6. Desenvolvimento Econômico

"The basic purpose of development is to enlarge people's choices. In principle, these choices can be infinite and can change over time. People often value achievements that do not show up at all, or not immediately, in income or growth figures: greater access to knowledge, better nutrition and health services, more secure livelihoods, security against crime and physical violence, satisfying leisure hours, political and cultural freedoms and sense of participation in community activities. The objective of development is to create an enabling environment for people to enjoy long, healthy and creative lives."*

"O propósito básico do desenvolvimento é ampliar as escolhas das pessoas. Em princípio, estas escolhas podem ser infinitas e podem mudar ao longo do tempo. As pessoas frequentemente valorizam conquistas que não aparecem, ou não imediatamente, nos números de crescimento e renda: maior acesso a conhecimento, melhor nutrição e serviços de saúde, subsistência mais segura, segurança contra crime e violência física, horas de lazer satisfatórias, liberdade política e cultural e senso de participação nas atividades da comunidade. O objetivo do desenvolvimento é criar um ambiente que permita às pessoas usufruírem de vidas longas, saudáveis e criativas."

Mahbub ul Haq (1934-1998)
Fundador do Relatório de Desenvolvimento Humano
Coautor do Índice de Desenvolvimento Humano - IDH

Mahbub ul Haq

"Human development, as an approach, is concerned with what I take to be the basic development idea: namely, advancing the richness of human life, rather than the richness of the economy in which human beings live, which is only a part of it."*

"Desenvolvimento humano, como uma abordagem, é preocupado com o que eu tomo como a ideia básica: nomeadamente, avançar na riqueza da vida humana, ao invés de na riqueza da economia na qual os seres humanos vivem, a qual é apenas parte dela."

Prof. Amartya Sen
Professor de Economia, Harvard University
Prêmio Nobel de Economia, 1998
Coautor do Índice de Desenvolvimento Humano - IDH

Amartya Sen

*Citações em inglês retiradas do site das Nações Unidas.

6.1. Definição de Desenvolvimento Econômico

Desenvolvimento econômico é uma medida qualitativa do processo econômico e se relaciona com um amplo conjunto de indicadores, levando em conta uma melhor distribuição de renda e a redução absoluta e relativa de pobreza, tanto a nível mundial, quanto a nível regional ou de países, medindo a melhoria do padrão de vida de uma sociedade, representada, por exemplo, pelo acesso a consumo, educação, saúde, lazer, treinamento e educação formal e longevidade dos cidadãos de determinado país ou comunidade.

Desse modo, crescimento e desenvolvimento econômico são dois conceitos diferentes, sendo o desenvolvimento econômico um conceito mais qualitativo, incluindo as alterações da composição do produto e a alocação dos recursos pelos diferentes setores da economia, de forma a melhorar os indicadores de bem estar econômico e social (pobreza, desemprego, desigualdade, condições de saúde, alimentação, educação e moradia consumo de alimentos, habitação, saúde, segurança, educação, habilidades para lidar com as novas tecnologias, nível de escolha, autoestima, felicidade pessoal e coletiva, realização pessoal).

O desenvolvimento é uma tarefa multidisciplinar relacionada com os países mais pobres e deve abordar, além das questões econômicas, aspectos sociais, políticos, filosóficos, demográficos, antropológicos, ecológicos e institucionais. Ou seja, a disciplina do desenvolvimento econômico é um ramo da Economia que procura analisar o processo de desenvolvimento dos países em estágio inferior de desenvolvimento, buscando, também, identificar as variáveis fundamentais desse processo e as medidas que poderiam ser tomadas para colocá-los no caminho do rápido progresso, de modo a convergirem para os níveis dos países desenvolvidos.

6.2. Definição de Desenvolvimento Sustentável

Desenvolvimento sustentável é o desenvolvimento que possa assegurar às futuras gerações uma qualidade de vida igual ou superior à existente no presente, compatibilizando crescimento econômico com a preservação do meio ambiente. Assim, o desenvolvimento sustentável diz respeito à preservação dos recursos para uso das futuras gerações. Desse modo, qualquer atividade econômica predatória que leve à exaustão dos recursos naturais é a própria negação dos conceitos de sustentabilidade e de desenvolvimento.

6.3. Evolução Histórica do Conceito de Desenvolvimento Econômico

As questões relacionadas com o desenvolvimento econômico já estavam presentes, de certo modo, na análise dos economistas clássicos e também nos trabalhos de Joseph Schumpeter (1883-1950) no início do século XX. Todavia, o desenvolvimento econômico, como um amplo e disseminado campo de interesse intelectual, surgiu apenas após a Segunda Guerra Mundial, relacionado com as preocupações que o mundo capitalista desenvolvido tinha com os impactos da descolonização e da expansão dos regimes socialistas sobre os países em desenvolvimento da América Latina, África e Ásia, que, na média, apresentavam baixo padrão de desenvolvimento. Os países capitalistas avançados procuravam, na verdade, meios de impedir que os países em desenvolvimento pudessem ser atraídos pela ideologia do socialismo ou do comunismo.

6.4. Cronologia da Teoria do Desenvolvimento Econômico

- **Século XIX**: Economistas clássicos: procuraram determinar as causas da riqueza das nações.

- **Anos 1910's**: Teoria do Desenvolvimento Econômico de Schumpeter. Embrião do conceito da Destruição Criadora. O papel fundamental do empreendedor nos ciclos econômicos.

- **Anos 1940's**: Surge, no contexto dos países em desenvolvimento, o ramo econômico do "Desenvolvimento Econômico", a partir do uso de técnicas de planejamento econômico, da ascensão de regimes socialistas e do nascimento de um clima de "guerra fria" entre o Ocidente capitalista e a antiga União Soviética, socialista. Destruição Criadora de Schumpeter: o desenvolvimento econômico como o resultado de mudanças descontínuas e espontâneas no ciclo econômico. Rosentein-Rodan e a Confederação do Danúbio: surge o conceito do crescimento equilibrado. Teoria do Crescimento Equilibrado e "Big Push".

- **Anos 1950's**: Surgimento de Teorias do Desenvolvimento Econômico: Teoria da Industrialização Retardatária, Teoria da CEPAL ou Análise Estruturalista, O Círculo Vicioso da Pobreza.

Novas contribuições ao conceito de Big-Push. Teoria do Crescimento Desequilibrado.

- **Anos 1960's:** Novas Teorias do Desenvolvimento Econômico: Teoria dos Dois Hiatos, Teoria da Dependência, Teoria dos Estágios de Crescimento, Paradigma Neomarxista: Teoria dos Sistemas Mundiais. Teoria dos Choques Adversos. Teoria do Desenvolvimento do Subdesenvolvimento. Teoria da Mudança Estrutural.

- **Anos 1990's e anos 2000's:** Índice de Desenvolvimento Humano - IDH. Indicadores de Pobreza (Privação) Humana - IPH. Coeficiente de Gini aplicado à medição da desigualdade de renda. Desenvolvimento Sustentável. Preocupação com os impactos do crescimento sobre o meio ambiente. Preocupação com um conceito abrangente de desenvolvimento humano e com a redução das desigualdades de renda mundiais.

6.5. Teorias e Modelos de Desenvolvimento Econômico

Da mesma forma que procuram sistematizar o conhecimento acerca do fenômeno do crescimento econômico, os economistas também têm se preocupado em expandir esse conceito, chegando ao que se denomina desenvolvimento econômico. Muitas teorias e modelos foram construídos nesse sentido, conforme veremos a seguir.

Uma boa parte dessas teorias e modelos procurou dividir o mundo em Centro, constituído pelos países desenvolvidos e altamente industrializado, e Periferia, constituída pelos países em desenvolvimento e altamente dependente do Centro.

6.5.1. Friedrich List (1789-1846) e o Progresso de Uma Nação

Friedrich List

"Já observamos que as fortunas ou infortúnios dos indivíduos dependem da manutenção da independência e do progresso de toda a nação."
Friedrich List

List é um economista alemão, considerado o pai da moderna economia do desenvolvimento econômico, antecipando vários dos conceitos e argumentos utilizados pelos teóricos do desenvolvimento ao longo dos anos 1950s, 1960s e 1970s, tais como a formulação de políticas industriais, o investimento em capital humano, o desenvolvimento de sistemas nacionais de inovação, o investimento em infraestrutura, o conceito da indústria nascente, a importância do mercado interno, os estágios de desenvolvimento econômico, a importância da proteção tarifária e a nacionalização de indústrias estratégicas.

Em 1841, Friedrich List (1789-1846) publica sua mais importante obra "Das Nationale System der Politischen Ökonomie" ("O Sistema Nacional de Economia Política"), em que defende suas ideias protecionistas. List gozou de grande prestígio na Alemanha até a deflagração da Primeira Guerra Mundial.

Na verdade, suas ideias, particularmente a defesa dos interesses dos setores e empresas estratégicas, têm sido praticadas em diversos países e continentes, estando presentes em diversas políticas implementadas nos Estados Unidos, Europa, Ásia e América Latina.

Pensamentos de Friedrich List (1789-1846):

"The Natural System of Political Economy" ("O Sistema Natural da Economia Política"), (1837):

"Já observamos que as fortunas ou infortúnios dos indivíduos dependem da manutenção da independência e do progresso de toda a nação."

"Da nação, atraem todos os benefícios da civilização, iluminação, progresso e instituições sociais e políticas, bem como avanços nas artes e ciências."

"Finalmente, uma nação não deve considerar o progresso das indústrias de um ponto de vista puramente econômico. As manufaturas se tornam uma parte muito importante do patrimônio político e cultural da nação."

"... Seguindo esses exemplos, todo governo responsável deve se esforçar para remover os obstáculos que impedem o progresso da civilização e estimular o crescimento das forças econômicas que uma nação carrega em seu seio."

"As instalações educacionais serão ampliadas e melhores padrões de moralidade serão estabelecidos. As instituições políticas também serão melhoradas. Desta forma, uma nação atrasada pode evoluir para um estado progressivo."

"The National System of Political Economy" ("O Sistema Nacional da Economia Política"), (1841):

"... todas as nações que não progredirem adiante afundam-se cada vez mais, e devem finalmente cair."

"Mas a política exige, nos interesses de cada nação separada, garantias para sua independência e existência continuada, regulamentos especiais para ajudar seu progresso na cultura, prosperidade e poder, a construir sua sociedade em um corpo político perfeitamente completo e harmoniosamente desenvolvido, contido e independente."

"A nação... deve sacrificar algumas vantagens presentes para assegurar a si mesma vantagens futuras."

"Não é mais que justo que a Inglaterra, agora que atingiu o ponto culminante de seu crescimento e progresso industrial, deva restaurar novamente às nações da Europa continental uma parte das forças produtivas que ela originalmente derivou delas."

"O mundo não foi impedido em seu progresso, mas imensamente auxiliado pela Inglaterra."

"Para o crescimento mais rápido de um espírito de invenção e melhoria industrial, de reforma social e política, mais ampla torna-se a lacuna entre nações estacionárias e progressistas, e mais perigoso é permanecer do outro lado."

List desenvolveu o conceito de "economia nacional", em contraposição ao conceito de "liberdade individual", não aceitando os argumentos de Adam Smith e de Jean-Baptiste Say a favor do livre mercado e dos benefícios sociais do "egoísmo do indivíduo".

List questionou a validade do livre comércio para nações em estágios inferiores de desenvolvimento, defendendo que as empresas dos países mais desenvolvidos ocupariam os mercados das economias mais frágeis, não dando qualquer chance a que empresas nacionais surgissem e se consolidassem. Assim, defendeu um protecionismo temporário às empresas nacionais, até que estas crescessem e pudessem então competir com as outras empresas num mercado de livre concorrência.

List duvidou da sinceridade da Grã-Bretanha em sua defesa do livre mercado, dado que este país já detinha à época superioridade econômica sobre outras nações:

"Qualquer nação que por meio de deveres protetores e restrições à navegação aumentou seu poder de produção e sua navegação para tal grau de desenvolvimento que nenhuma outra nação pode sustentar a livre competição com ela, não pode fazer nada mais sábio do que jogar fora essas escadas de sua grandeza. Pregar a outras nações os benefícios do livre comércio e declarar em tom penitente que ela até agora perambulou pelos caminhos do erro e agora, pela primeira vez, conseguiu descobrir a verdade."

List emigrou para os Estados Unidos, país onde políticas protecionistas eram defendidas e adotadas antes mesmo de sua declaração de independência, particularmente por Alexander Hamilton, Secretário do Tesouro de George Washington.

As políticas econômicas levadas a cabo na América Latina e na Ásia após a Segunda Guerra Mundial tiveram forte inspiração nas ideias de List. Todavia, tiverem sucesso apenas em algumas nações asiáticas (Coreia do Sul, Taiwan, Hong-Kong, Malásia e Japão), fracassando quase que inteiramente na América Latina.

O fator diferenciador foi, seguramente, a diferença na aplicação de políticas voltadas para a educação e o desenvolvimento tecnológico, eficazes na Ásia e frágeis na América Latina.

Para List, os países pertencentes às zonas temperadas e que seriam providas naturalmente por condições naturais favoráveis, naturalmente passariam por certos estágios de desenvolvimento:

1. Vida pastoral: estágio de desenvolvimento primitivo.
2. Agricultura: comércio livre com outras nações, importando manufaturas e exportando matérias-primas.

3. **Agricultura unida às manufaturas:** Introdução de mecanismo de proteção à indústria nacional nascente, em paralelo à exportação de matérias-primas.
4. **Agricultura, manufaturas e comércio são combinados:** Uma vez alcançado um elevado estágio de desenvolvimento, volta às políticas de livre comércio.

Assim, caberia ao Estado criar as condições para que o progresso fosse alcançado através de legislação e ação administrativa apropriada.

6.5.2. Teoria da Destruição Criadora de Schumpeter

Joseph Alois Schumpeter (1883-1950), austríaco naturalizado americano, é um dos mais influentes economistas do século XX, notadamente na área do pensamento econômico, sendo um grande estudioso nas questões relacionadas aos ciclos econômicos e aos sistemas econômicos.

J. Schumpeter

Schumpeter atribui importância fundamental aos empreendedores cujas inovações tecnológicas levam à expansão das economias capitalistas e diferencia desenvolvimento econômico de crescimento econômico. Para ele, o desenvolvimento econômico resulta de mudanças descontínuas e espontâneas do lado da oferta, ao longo do ciclo econômico, e consiste na introdução de novos produtos e novos meios de produção. De acordo com Schumpeter:

"Não será designado aqui como um processo de desenvolvimento o mero crescimento da economia, demonstrado pelo crescimento da população e da riqueza." ["A Teoria do Desenvolvimento Econômico", p. 47].

A contribuição teórica mais famosa de Schumpeter é o conceito de Destruição Criadora, que ele delineia, pela primeira vez em 1907, em seu famoso trabalho "A Teoria do Desenvolvimento Econômico", p. 47, chamando-o, então, de "combinações novas":

"Desenvolvimento (...) é o tipo de mudança que emerge de dentro do sistema que desloca de tal modo o seu ponto de equilíbrio que o novo não pode ser alcançado a partir do antigo mediante passos infinitesimais. Adicione sucessivamente quantas diligências quiser, com isso nunca terá uma estrada de ferro."

"(...) Na medida em que (...) as novas combinações aparecerem descontinuamente então surge o fenômeno que caracteriza o desenvolvimento (...) o desenvolvimento, no sentido que lhe damos, é definido então pela realização de novas combinações."

"Esse conceito engloba os cinco casos seguintes:

- Introdução de um novo bem;
- Introdução de um novo método de produção (descoberta científica nova, nova técnica de venda);
- Abertura de um novo mercado;
- Conquista de uma fonte de oferta de matérias-primas ou de bens semimanufaturados;
- Estabelecimento de uma nova organização de qualquer indústria, como a criação de uma posição de monopólio (por exemplo, pela trustificação) ou a fragmentação de uma posição de monopólio."

Em 1942, em seu não menos famoso livro "Capitalismo, Socialismo e Democracia", Schumpeter define claramente o que ele chama de "destruição criadora":

"O Capitalismo, então, é, pela própria natureza, uma forma ou método de mudança econômica, e não apenas nunca está, mas nunca pode estar estacionário. E tal caráter evolutivo do processo capitalista não se deve meramente ao fato de a vida econômica acontecer num ambiente social que muda e, por sua mudança, altera os dados da ação econômica; isso é importante e tais mudanças (...) frequentemente condicionam a mudança industrial, mas não seus motores principais. Tampouco se deve esse caráter evolutivo a um aumento quase automático da população e do capital ou dos caprichos dos sistemas monetários, para os quais são verdadeiras exatamente as mesmas coisas. O impulso fundamental que inicia e mantém o movimento da máquina capitalista decorre de novos bens de consumo, dos novos métodos de produção ou transporte, dos novos mercados, das novas formas de organização industrial que a empresa capitalista cria (...) A abertura de novos mercados (...) e o desenvolvimento organizacional (...) ilustram o mesmo processo de mutação industrial (...) que incessantemente revoluciona a estrutura

econômica a partir de dentro, incessantemente destruindo a velha, incessantemente criando uma nova. Esse processo de destruição criadora é o fato essencial do capitalismo. É nisso que consiste o capitalismo e é aí que têm de viver todas as empresas capitalistas."
Joseph Schumpeter, 1984, Capitalismo, Socialismo e Democracia, pp. 112-113.

Schumpeter (1939), identificou três grandes revoluções industriais:

- 1780s-1830s: Nova máquina têxtil, a máquina a vapor de Watt e o novo método de fabricação de ferro;

- 1840s-1900s: A revolução das ferrovias; e

- 1900s: As rupturas tecnológicas na eletricidade, indústria química e motor de combustão interna.

6.5.3. Teoria do "Big-Push" ou Industrialização por Crescimento Equilibrado

Paul Rosenstein-Rodan (1902-1985), economista polonês educado em Viena, Áustria, de acordo com os princípios da Escola Austríaca e influenciado pelos trabalhos de Allyn Young (1876 - 1929), notadamente o conceito de retornos crescentes de escala, é considerado um dos criadores da teoria do desenvolvimento econômico. Rosenstein-Rodan desenvolveu a teoria do "Big-Push" nos anos 1940s, em que uma economia funcionando de acordo com os princípios do livre mercado, precisaria de estímulos dados por investimentos em larga escala definidos em programas de planejamento centralizado.

Rosenstein-Rodan

Para Rosenstein-Rodan, a industrialização simultânea de diversos setores da economia – que é a própria definição de crescimento equilibrado –

pode resultar em benefícios para todos, mesmo que cada um, individualmente, não consiga alcançar o crescimento equilibrado. Essa estratégia de desenvolvimento seria centrada na obtenção de fortes economias de escala industriais, através do investimento simultâneo de vários setores que pudessem permitir um crescimento mais acelerado nos setores cuja elasticidade-renda fosse mais elevada e um crescimento mais lento nos setores cuja elasticidade-renda fosse baixa, estratégia essa que ficou conhecida como "Modelo de Crescimento Equilibrado".

Essa estratégia colocou em contraposição as políticas de desenvolvimento centradas no mercado externo (exportações) e as políticas de desenvolvimento centradas no mercado interno (substituição de importações).

Uma das questões centrais dessa teoria é que as decisões de uma firma em relação à sua modernização dependem de suas expectativas em relação ao que outras farão.

Ragnar Nurske

Ragnar Nurkse (1907-1959), economista estoniano também educado de acordo com os princípios da Escola Austríaca, aprofundou a teoria do Big-Push de Rosenstein-Rodan, sendo seu principal defensor, enfatizando o papel do mercado interno, da poupança e da acumulação de capital no desenvolvimento econômico. Criou o Modelo do Círculo Vicioso do Subdesenvolvimento utilizando o conceito de "círculo vicioso da pobreza" para explicar a recorrência do subdesenvolvimento.

A teoria do "Big-Push", ainda que não tenha sido efetivamente implementada em nenhum país, acabou por influenciar decisivamente as políticas de industrialização por substituição de importações nos anos 1950s, 1960s e, mesmo, 1970s, em muitos países em desenvolvimento.

6.5.4. Tese Prebisch-Singer ou da Deterioração dos Termos de Troca

Raul Prebisch (1901-1986), economista argentino, secretário-executivo da CEPAL – Comissão Econômica Para a América Latina e o Caribe no período 1948-1962, é um dos principais contribuidores à análise estruturalista, particularmente à tese Prebisch-Singer, que é considerada a espinha-dorsal da Teoria da Dependência.

R. Prebish

Prebisch criticou a teoria das vantagens comparativas de David Ricardo e dividiu o mundo em "centro", consistindo em nações industrializadas produtoras e exportadoras de bens manufaturados, e "periferia", as nações produtores e exportadoras de produtos primários.

H. Singer

Essa tese – desenvolvida de modo independente por Raul Prebisch e Hans Singer (1910-2006), economista alemão e aluno de Schumpeter – afirma que os termos de troca entre os produtos primários e os bens manufaturados tendem a se deteriorar ao longo do tempo. Ou seja, os países primário-exportadores poderiam importar cada vez menos para um dado nível de exportações. Em resposta a esse problema, Prebisch defendeu a ideia de que os países em desenvolvimento deveriam diversificar suas economias, reduzindo sua dependência de produtos primários e desenvolvendo sua indústria manufatureira.

Prebisch e Singer observam que o mundo é dividido em centro e periferia. A periferia produz e exporta produtos primários para o centro e, este, produz e exporta para a periferia bens manufaturados. À medida que a tecnologia é aperfeiçoada, o centro é capaz de reter sua poupança através de maiores salários e lucros através do poder de sindicatos e empresas. Na periferia, contudo, as empresas e os sindicatos são mais fracos, levando a preços e lucros mais baixos. Assim, ocorreria um declínio nos termos de troca, em favor das nações industrializadas, em que as nações da periferia teriam que exportar uma quantidade cada vez maior de produtos primários para manter o mesmo valor exportado.

A tese central é que todos os benefícios das inovações tecnológicas e do comércio internacional iriam para as nações industrializadas. A explicação para o fenômeno seria que a elasticidade-renda da demanda para bens manufaturados é maior do que para produtos primários, em particular alimentos. Assim, à medida que a renda aumenta, a demanda por bens manufaturados aumenta mais do que a demanda por produtos primários.

Partindo do pressuposto de que a deterioração dos termos de troca era resultado da estrutura da economia mundial, muitos economistas defenderam a criação de uma política de industrialização à base da substituição de importações e o fortalecimento do mercado interno como estratégia de desenvolvimento.

A tese Prebisch-Singer levou ao surgimento da política de industrialização por substituição de importações, muito popular nos anos 1970s na América Latina, em que uma nação, de certo modo, se isolava do mundo e tentava se industrializar através de seus próprios recursos, com ênfase no mercado interno.

A industrialização por substituição de importações é baseada em uma política industrial ativa que incentiva e subsidia um conjunto de setores estratégicos para a economia – incluindo as indústrias nascentes -, a fixação de barreiras alfandegárias à importação de produtos similares e o uso de uma política monetária e cambial que incentiva a desvalorização da moeda nacional, de modo a estimular as exportações. Muitos economistas acreditavam que o modelo de industrialização acelerada utilizado em certos países (Alemanha, Itália e Rússia) poderia ser replicado na América Latina e, assim, superar o subdesenvolvimento nessa região.

Essa política de industrialização acelerada foi utilizada de modo diferente na Ásia e na América Latina. No primeiro caso, foi utilizada para promover o crescimento econômico baseado nas exportações; no segundo caso, por sua vez, foi utilizada para promover o crescimento econômico através do estímulo ao mercado interno.

Na América Latina, os países que alcançaram melhores resultados foram Brasil, México, Argentina e Chile. Todavia, com exceção do Chile, passaram por sucessivas crises econômicas ao longo dos anos 1980s e 1990s, para muitos, fruto de suas políticas equivocadas do passado.

A política seguida pelos países asiáticos, nos anos 1970s e 1980s, especialmente no Japão, Coreia do Sul, Taiwan, Hong-Kong e Cingapura, é considerada superior à seguida na América Latina, na medida em que, através do estímulo a maior competitividade externa, foi capaz de resistir às crises da economia mundial, mantendo um crescimento econômico médio muito superior ao alcançado na América Latina.

A situação econômica mundial atual de grande crescimento econômico liderado por nações como China, Índia e Rússia e o grande aumento no preço da maioria dos produtos primários nos últimos anos, pode levar a um novo descrédito da tese Prebisch-Singer, num mundo caracterizado, cada vez mais, pela escassez dos recursos naturais e um previsível aumento cada vez maior de seus preços relativos.

6.5.5. Modelo dos Estágios de Desenvolvimento

O modelo dos estágios de desenvolvimento foi criado nos anos 1950s por W. W. Rostow (1916-2003), economista e historiador americano, em seu celebrado trabalho "The Stages of Growth" (1959), e defende a ideia de que a aceleração da acumulação de capital através do uso da poupança interna e externa levaria ao crescimento econômico e, assim, ao desenvolvimento econômico.

W.W. Rostow

De acordo com Rostow, os países precisam passar por cinco estágios consecutivos de desenvolvimento para alcançar o desenvolvimento econômico pleno:

- Sociedade tradicional;
- Pré-condições para a decolagem;
- Decolagem;
- Maturidade; e
- Idade do Elevado Consumo de Massa.

Sociedades Tradicionais: Sociedades caracterizadas pela ausência de qualquer conhecimento científico e guiadas pelo uso de crenças e superstições.

Pré-Condições Para a Decolagem: A sociedade começa a desenvolver uma certa cultura pró-educação, a formação de uma estrutura monetária rudimentar e de uma classe empresarial ainda pouco sofisticada.

Decolagem: O crescimento econômico surge como resultado de uma ação voltada para o desenvolvimento de princípios econômicos. Esse é um período de longa duração que preparará a economia para a maturidade. Essa fase era, para Rostow, fundamental para explicar o desenvolvimento econômico e só ocorreria se fossem verificadas quatro situações: 1) existência de infraestrutura mínima; 2) razoável desenvolvimento tecnológico; 3) poder político com mentalidade moderna; 4) aumento consistente da renda.

Maturidade: É consolidado um processo de diversificação da produção que leva à redução da pobreza e ao aumento dos níveis de bem-estar social.

Idade do Elevado Consumo de Massa: Estágio final do processo de desenvolvimento, caracterizado por elevado consumo de bens duráveis e por uma cesta de bens muito acima das necessidades básicas.

As críticas que se fazem a esse modelo são de que o mesmo assume como único o modelo de desenvolvimento capitalista ocidental e de que assume o desenvolvimento como um processo linear.

O modelo de desenvolvimento de Rostow situa-se numa linha de pensamento liberal, de livre mercado, ressaltando a importância do livre comércio e refuta os argumentos de Friedrich List (1789 - 1846) de que um país que se especializa na exportação de produtos primários será incapaz de diversificar sua produção. A abordagem de Rostow, contudo, dentro de uma perspectiva keynesiana, aceita a intervenção governamental como forma de atenuar os efeitos do ciclo econômico de curto prazo e promover o desenvolvimento econômico a longo prazo.

6.5.6. Teoria dos Dois Hiatos

A teoria dos dois hiatos, desenvolvida de forma pioneira por Hollis Chenery (1918 - 1994), afirma que o desenvolvimento dos países mais atrasados é dificultado pela existência de dois hiatos simultâneos: o hiato externo entre divisas estrangeiras, determinado pela diferença entre importação e exportação; e o hiato interno poupança-investimento.

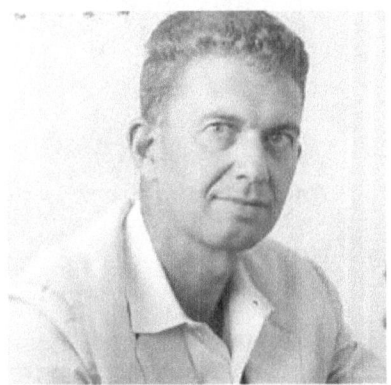

Hollis Chenery

De acordo com essa teoria, os empréstimos externos assumem um papel fundamental na superação desses hiatos, equilibrando-os e tornando claro o papel das divisas estrangeiras facilitando as importações e os investimentos. A superação desses hiatos facilitaria a obtenção do desenvolvimento econômico.

6.5.7. Teoria da Dependência

A Teoria da Dependência é um conjunto de ideias que surgiu, nos anos 1950s e 1960s, como reação ao liberalismo econômico defendido pela corrente principal nos países desenvolvidos, particularmente nos Estados Unidos, sendo bastante popular ao longo dos anos 1960s e 1970s. Essa teoria foi fortemente influenciada pela Tese Prebisch-Singer.

A Teoria da Dependência foi desenvolvida na América Latina e tem entre seus expoentes Raul Prebisch (1901-1986), economista argentino, André Gunder Frank (1929-2005), economista alemão, Paul Baran (1910 - 1964) e Fernando Henrique Cardoso (1931-). Essa teoria afirma que, ao explicar o processo de desenvolvimento dos países menos desenvolvidos deve ser levado em conta o efeito do colonialismo sobre os mesmos, tais como o padrão de comércio, em que os países desenvolvidos exportam bens manufaturados de alto valor agregado e os países em desenvolvimento exportam matérias-primas de baixo valor agregado.

André Gunder Frank

As principais ideias dessa teoria são:

- As nações desenvolvidas apenas veem os países em desenvolvimento como fontes de mão de obra e de matérias-primas baratas, que, por sua exploração, acabam por se transformar na principal base da riqueza dos primeiros.

- Há uma tendência a perpetuar a dependência das nações menos desenvolvidas pelas nações mais desenvolvidas, em função dos níveis acentuados de diferença tecnológica e econômica, porque as nações menos desenvolvidas não podem tomar decisões autônomas de desenvolvimento, na medida em que estão integradas de maneira dependente na ordem mundial.

- Qualquer tentativa de romper esse "círculo vicioso da pobreza" será respondida por represálias econômicas, políticas e, até mesmo, militares.

Paul Baran

Assim, de acordo com essa teoria, o processo de desenvolvimento somente acentuará as desigualdades e a dependência dos países menos desenvolvidos em relação às antigas metrópoles coloniais.

A Teoria da Dependência, na linha da tese Prebish-Singer, divide os países em "Centro" (desenvolvido) e 'Periferia" (subdesenvolvida), em que é estabelecida uma relação de exploração dos segundos pelos primeiros. Essa teoria afirma que a pobreza dos países da periferia é o resultado do modo como ela se integra no sistema econômico mundial e o desenvolvimento econômico na periferia é visto como uma missão quase impossível de alcançar.

Fernando Henrique Cardoso

Os teóricos da Dependência defendem a implementação de políticas de industrialização comandadas pelo Estado, através do uso de subsídios e de proteção tarifária, além de limitações quantitativas às importações, controle do investimento estrangeiro e a nacionalização de setores considerados estratégicos. Como se vê, foram fortemente influenciados pelas ideias protecionistas de Friedrich List.

A principal crítica que se faz a essa teoria é que a mesma não é capaz de explicar o acentuado desenvolvimento econômico de alguns países em desenvolvimento, tais como Brasil, Coreia do Sul, Taiwan (Província chinesa), Cingapura, Malásia e, mais recentemente, China e Índia. Outros críticos argumentam que uma política de industrialização comandada pelo Estado leva a corrupção e a problemas de eficiência e competitividade. Uma outra crítica, a nível metodológico, argumenta que falta uma base científica a seus princípios, de acordo com o racionalismo crítico definido por Karl Popper (1902-1994).

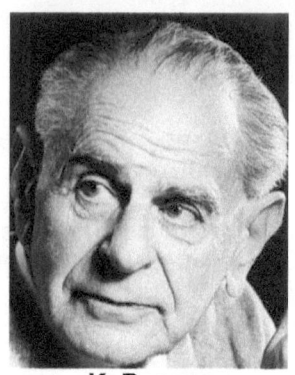
K. Popper

Celso Furtado (1920-2004), foi um dos mais destacados economistas brasileiros e tentou explicar o subdesenvolvimento brasileiro utilizando-se da estrutura teórica "estruturalista" e "dependente" desenvolvida na chamada Escola da Cepal, onde trabalhou de 1949 a 1957, e que, ao contrário do que muitos pensam, era fortemente baseada na estrutura de pensamento de Friedrich List.

Furtado publica em 1959 seu mais importante livro "A Formação Econômica do Brasil" em que defende uma forte intervenção estatal como instrumento de desenvolvimento econômico.

Furtado estudou os diversos ciclos econômicos do Brasil (açúcar, gado, ouro e café), bem como os fenômenos históricos da escravatura, imigração, migração interna e industrialização por substituição de importações.

Celso Furtado

Furtado via a economia mundial como um processo em que coexistiam os chamados países centrais (Centro), desenvolvidos, industrializados, e países periféricos (Periferia), cuja economia era basicamente agrícola e exportadora de produtos primários e, portanto, condenados pela estrutura de sua realidade econômica.

Nessa visão, o subdesenvolvimento não era uma etapa do processo de desenvolvimento, mas sim uma espécie de condenação histórica em que estariam condenados ao subdesenvolvimento se não fossem capazes de definir políticas próprias de desenvolvimento com a ajuda do Estado que superasse sua industrialização dependente do Centro.

Os países latino-americanos eram caracterizados por um desenvolvimento desequilibrado, em que conviviam setores de subsistência e baixa produtividade e setores dinâmicos voltados para a exportação. Assim, com a necessidade de estimular as exportações e gerar as divisas necessárias para a importação de bens de capital necessárias à industrialização por substituição de importações, as desvalorizações cambiais sucessivas geravam inflação e forte desigualdade na distribuição de renda levando ao famoso círculo vicioso da pobreza.

6.5.8. Teoria dos Sistemas Mundiais

Essa teoria procura explicar a industrialização em alguns países menos desenvolvidos e tenta responder a algumas das críticas feitas à Teoria da Dependência, transformando a divisão de países em centro e periferia numa divisão trimodal de núcleo, seminúcleo e periferia. A semiperiferia se situa entre o núcleo e a periferia, explorando a periferia e sendo explorada pelo núcleo.

Os principais expoentes dessa teoria são Immanuel Walerstein (1930 -), que aprofunda a análise marxista contida na teoria da dependência, chamando-a "Sistema Mundial" e André Gunder Frank (1929-2005), também um dos expoentes da Teoria da Dependência. Todavia, outras contribuições importantes vieram de Samir Amin (1931-) e Giovanni Arrighi (1937 - 2009), entre outros.

Immanuel Wallerstein

O pressuposto de que a deterioração dos termos de troca e, assim, a exploração dos países pobres pelos países ricos, era o resultado de um desequilíbrio na estrutura do Sistema Mundial, levou Immanuel Wallerstein a utilizar-se de uma interpretação neomarxista da ordem internacional que estabelece uma divisão entre "centro" e "periferia" como a causa da desigualdade política e econômica entre nações.

De acordo com Wallerstein, a periferia e a semiperiferia são exploradas e mantidas em um estado de atraso pelos países desenvolvidos (núcleo), que se aproveitam da mão de obra e das matérias-primas baratas das nações mais atrasadas.

Karl Marx

André Gunder Frank (1929-2005), economista alemão, foi um dos fundadores da teoria da dependência e da teoria dos sistemas mundiais nos anos 1960s e que, não obstante tenha utilizado conceitos marxistas em sua análise, rejeitou a descrição de Karl Marx (1818 - 1883) dos estágios históricos. Como professor de Sociologia e Economia da Universidade do Chile, envolveu-se nas reformas propostas por Salvador Allende (1908-1973), presidente chileno de orientação socialista.

Suas teorias se concentram na ideia de que o poderio econômico a nível mundial de uma nação é fortemente determinado por circunstâncias históricas e geográficas. Também defendeu a ideia de que as estratégias centradas unicamente nas exportações criam desequilíbrios no processo de desenvolvimento das nações mais atrasadas. Sua contribuição à teoria dos sistemas mundiais foi defender duas ideias-chave: a formação do Sistema Mundial ocorreu há milhares de anos atrás e não no século XVI como defendeu Immanuel Wallerstein; e de que não faz sentido falar em múltiplos Sistemas Mundiais mas em apenas um Sistema.

6.5.9. Teoria da Mudança Estrutural

A teoria da mudança estrutural foi desenvolvida a partir dos trabalhos do Prêmio Nobel de Economia de 1979, William Arthur Lewis (1915-1991), "Two-Sector Surplus Model", e Hollis Chenery (1918-1994), "Patterns of Development".

William Arthur Lewis

O primeiro, um dos principais analistas do processo de desenvolvimento econômico a partir de uma análise dualista, vê as sociedades tradicionais agrárias (não capitalistas) fornecendo seu excedente de mão de obra para a industrialização e desenvolvimento do setor urbano moderno (capitalista) em que procura analisar o comércio internacional e a tendência à deterioração nos termos de troca dos países em desenvolvimento vis-à-vis os países industrializados; o segundo, é uma análise empírica do processo de transformação de uma economia subdesenvolvida em outra mais desenvolvida, através de uma profunda mudança estrutural que leva ao surgimento de novas indústrias e atividades que substituirão as atividades tradicionais, levando ao crescimento econômico e, assim, ao desenvolvimento econômico.

A principal contribuição de Lewis é a elaboração de dois modelos em que procura explicar os problemas enfrentados pelos países em desenvolvimento. O primeiro é um modelo de desenvolvimento dual, em que uma economia é constituída por dois setores: um, tradicional, com baixos salários e uma oferta ilimitada de mão de obra; outro, moderno, que concentra a maioria dos investimentos de capital, mas tem falta de mão de obra.

Os trabalhadores do setor tradicional migram para o setor urbano em busca de maiores salários. A concorrência leva os salários do setor moderno a se aproximarem dos níveis do setor tradicional, levando à geração de poupança e investimento que permitem o aumento sustentado da demanda, sem pressões salariais dada uma oferta de mão de obra infinitamente elástica, num círculo virtuoso de desenvolvimento econômico que leva ao acúmulo de lucros e à expansão do setor moderno. Como o setor rural é densamente povoado a apresenta uma produtividade muito baixa, a migração de mão de obra não provoca redução da oferta agrícola. A principal contribuição deste modelo é explicar porque em muitos países em desenvolvimento o crescimento econômico não leva ao aumento dos salários.

O segundo modelo de Lewis é um modelo dos termos de troca entre países desenvolvidos e países em desenvolvimento. Lewis demonstrou que os termos de troca são determinados pela produtividade relativa da mão de obra no setor tradicional, que é muito mais baixa nos países menos desenvolvidos, contribuindo para a deterioração dos termos de troca dos mesmos em favor dos países ricos.

Uma crítica a essa abordagem é sua excessiva ênfase no desenvolvimento urbano, negligenciando o desenvolvimento rural, o que levaria ao aprofundamento das desigualdades regionais. Outra é assumir que há um excedente de mão de obra rural que pode ser livremente reutilizado em atividades urbanas. Finalmente, que sua estrutura teórica não tem uma base metodológica consistente, na linha do racionalismo crítico defendido por Karl Popper.

6.5.10. Teoria das Vantagens do Atraso

A teoria das vantagens do atraso foi desenvolvida por Alexander Gerschenkron (1904-1978), economista e historiador russo, e preconiza que quanto maior for o grau de atraso relativo de uma economia ao início de um processo de desenvolvimento, mais provável será o surgimento de condições favoráveis ao mesmo.

Alexander Gerschenkron

A tese central da teoria é que, quanto maior o atraso da economia:

- Mais provável a canalização, por parte dos bancos e do Estado, do capital físico e humano para as indústrias;

- Maior será a ênfase na produção de bens de capital e menos na produção de bens de consumo;

- Maior será a ênfase na produção capital-intensiva e menor na produção trabalho-intensiva;

- Maior será a escala das empresas e da produção;
- Menor será o papel da agricultura no conjunto da economia; e
- Maior será a importância atribuída ao crescimento da produtividade.

De acordo com a análise de Gerschenkron, a grande vantagem de uma nação atrasada (por exemplo, o Japão e a Rússia na época), é que a mesma poderia pular várias fases do desenvolvimento e se aproveitar da mais avançada tecnologia para implantar, com vantagens em relação aos países mais desenvolvidos, uma política de desenvolvimento econômico e industrial.

A experiência de alguns países nas últimas décadas e sua rápida convergência para os níveis médios de desenvolvimento dos países mais desenvolvidos, daria respaldo a essa teoria, como é o caso de Japão, Coreia do Sul, Irlanda, Portugal e Espanha, que, aproveitando-se de um maciço programa de investimentos e modernização, lograram aproximar-se e, até mesmo, superar os níveis de alguns países ditos desenvolvidos.

6.5.11. Teoria do Crescimento Desequilibrado

Albert O. Hirschman (1915 - 2012), deu, como principal contribuição teórica, à Economia, na área do desenvolvimento econômico, o conceito de crescimento desequilibrado.

Albert O. Hirschman

O principal argumento era de que nas economias em desenvolvimento havia carência de habilidades na tomada de decisões. Assim, deveria ser estimulada a ajuda a determinados firmas, em certos setores industriais, principalmente aquelas que tivessem fortes ligações com outras empresas, gerando um forte impacto de encadeamento produtivo que contribuiria para o desenvolvimento econômico.

Hirschman era contrário ao uso, nos países em desenvolvimento, do que ele chamava de análise econômica tradicional, utilizada para explicar o processo econômico nos países desenvolvidos, dado que, para ele, cada país tem suas características e seus recursos próprios.

6.6. Abordagens Recentes ao Desenvolvimento Econômico e Humano

Nos anos 1990s, a partir dos trabalhos de Amartya Sen (1933-), economista indiano, Prêmio Nobel de Economia de 1998, novas abordagens foram introduzidas ao desenvolvimento econômico, colocando grande ênfase em variáveis como estabilidade política, ausência de barreiras ao comércio, sistemas judiciais justos, distribuição de renda (medida pelo Coeficiente de Gini), educação (elementar, secundária e superior), saúde (disponibilidade de serviços médicos, cuidados pré-natais), níveis de renda, acesso a água potável, infraestrutura econômica e social e tecnologia.

6.6.1. Desenvolvimento Humano

Sen ajudou a elaborar o IDH – Índice de Desenvolvimento Humano, das Nações Unidas, que publica a classificação dos países em uma variedade de indicadores econômico-sociais.

Esse conceito parte do princípio de que o investimento em Educação permite aos países se adaptarem às últimas tecnologias e criar um ambiente favorável a novas tecnologias.

A causa das disparidades na taxa de crescimento é vista como consequência da elevada taxa de aceleração da mudança tecnológica apenas num pequeno e seleto grupo de países.

6.6.2. Equilíbrio Social e Desenvolvimento Econômico

6.6.2.1. IPH – Índice de Pobreza Humana

Mede privação usando o percentual esperado de pessoas que morrerá antes de 40 anos, a percentagem de adultos analfabetos, a percentagem de pessoas sem acesso a serviço de saúde e água potável e o percentual de crianças subnutridas com menos de 5 anos.

6.6.3. Sustentabilidade e Desenvolvimento Econômico

6.6.3.1. IBES – Índice de Bem-Estar Econômico Sustentável

O IBES tem por objetivo substituir o PIB como um indicador de desenvolvimento, incluindo a distribuição da renda, o custo provocado pela poluição e outros custos não sustentáveis economicamente.

6.6.3.2. IPG – Indicador de Progresso Genuíno

O IPG é um indicador derivado de conceitos ecológicos e de bem-estar econômico que visa substituir o PIB como uma medida do crescimento econômico. O IPG contrapõe os benefícios do crescimento econômico com uma série de custos gerados por esse crescimento.

6.6.3.3. PIB Verde

O PIB Verde é um índice de crescimento econômico que mede as consequências, em termos econômicos, da perda de biodiversidade e dos impactos das alterações climáticas causados pela emissão de gases de efeito-estufa.

6.6.4. Felicidade e Desenvolvimento Econômico

6.6.4.1. IFNB – Índice de Felicidade Nacional Bruta

O IFNB é uma tentativa de medir a qualidade de vida comparativamente ao PIB tradicional, valorizando os valores espirituais em contraposição aos valores materiais.

6.6.4.2. IPF – Índice do Planeta Feliz

O IPF é um índice que mede o bem-estar humano e os impactos ambientais e que contesta outros índices como o PIB e o IDH, porque os últimos não levariam em conta medidas de sustentabilidade.

6.6.4.3. ISCV – Índice de Satisfação Com a Vida

O ISCV utiliza-se do conceito de felicidade ou satisfação com a vida, sendo muito utilizado em estudos nas áreas da Economia e da Sociologia.

6.7. Reflexões Sobre o Progresso e o Desenvolvimento Econômico

O desenvolvimento deve ser entendido em seu conceito mais amplo – não apenas o econômico -, envolvendo toda a ação humana e sua relação com o mundo que o rodeia e com a concepção de mundo que é intelectualmente capaz de formular.

O objetivo central do desenvolvimento deve ser alcançar claros e inequívocos progressos na eliminação ou, pelo menos, redução substancial da pobreza, na redução das desigualdades de renda, na criação de igualdade de oportunidades, na redução do desemprego, no aumento da segurança e na criação de condições efetivas para a felicidade e o progresso humanos.

A análise dos diferentes graus de desenvolvimento dos diferentes países do mundo é clara: poucos são os países que alcançaram um grau de desenvolvimento considerado aceitável. A grande maioria dos países ainda está longe de ser considerada desenvolvida.

O desenvolvimento não é algo que seja facilmente alcançável. Não depende apenas da vontade dos formuladores da política econômica. O desenvolvimento é um processo complexo e de longo prazo.

Por que o desenvolvimento não é um clube para muitos países? Exatamente porque sua complexidade demanda um conjunto de habilidades e valores que não estão disponíveis na maioria dos países.

O desenvolvimento abrange diversos aspectos: econômico, ambiental, social, político, tecnológico, militar e, principalmente, humano e moral. Analisaremos, em seguida, alguns desses aspectos.

6.7.1. O Aspecto Econômico

A existência de uma base material e econômica é uma condição fundamental para o desenvolvimento e o crescimento sustentado. A busca de riqueza é um dos caminhos que podem permitir às sociedades se desenvolverem mais. A base material e econômica inclui os recursos naturais, os investimentos em infraestrutura e os parques industriais. O conhecimento que pode ser transformado em bens e serviços de modo competitivo em escala mundial representa também uma base imaterial importante. Portanto, o crescimento econômico é apenas uma parte do desenvolvimento econômico.

6.7.2. O Aspecto Ambiental

O mundo acordou para a existência de um problema ambiental severo. Num mundo caracterizado pela escassez de recursos naturais, construir uma relação estável e equilibrada entre a Humanidade e a Natureza é fundamental. O consumo e o crescimento populacional excessivos exercem uma pressão irrefreável sobre os ecossistemas que, no limite, podem colocar em risco a própria existência da raça humana. A preservação dos recursos naturais ajuda a garantir um desenvolvimento sustentável, que é o que mais nos interessa.

6.7.3. O Aspecto Social

A existência de uma estrutura social equilibrada é uma condição fundamental para o desenvolvimento. Sociedades que cultuam uma melhor distribuição da riqueza são mais estáveis e tendem a ser mais desenvolvidas. Sociedades que são capazes de criar desafios comuns e de se irmanar em sua busca, criam raízes comuns e facilitam uma maior harmonia social.

6.7.4. O Aspecto Político

tendem a ser mais desenvolvidas, porque os recursos de uso comum do povo tendem a ser aplicados em seu próprio benefício e não em benefício de indivíduos ou de grupos. Os princípios morais exigem um pacto social em que cada cidadão se comprometa a segui-los para o bem comum.

Numa sociedade capitalista, aberta e pluralista é mais fácil transformar a arte e o engenho humanos em riqueza, pelo estímulo da busca por riqueza e prestígio social. A liberação da energia humana depende de estímulos, sejam eles sociais ou econômicos. E isso o capitalismo pode fazer.

Por outro lado, o capitalismo não tem mecanismos intrínsecos de equilíbrio social, pela existência de diferenças significativas na capacidade e na motivação humanas. Deixar o mercado funcionar livremente levará inexoravelmente à criação de diferentes classes sociais caracterizadas por diferentes padrões de conhecimento e riqueza.

Buscar um equilíbrio aceitável entre o mercado e a regulação do mercado para minimizar desigualdades sociais é o maior dos desafios da Ciência Econômica.

O capitalismo tem mecanismos intrínsecos de premiação do esforço individual e do risco assumido, mas não é capaz de pensar o bem comum numa escala minimamente aceitável.

O Estado tem a seu dispor instrumentos para intervenção no funcionamento do mercado, redistribuindo conhecimento e riqueza. Mas, como ponderar sua atuação é o seu maior desafio, principalmente porque a atuação política não costuma ser caracterizada pelo uso de princípios racionais, recorrendo, quase sempre a medidas de oportunismo político que esterilizam recursos naturais e humanos.

6.8. Limites ao Crescimento Econômico

O livro "Limits to Growth", de 1972, resultado de um amplo estudo patrocinado pelo Clube de Roma, mostra as consequências de um acelerado crescimento populacional mundial sobre os recursos naturais finitos e sobre o meio ambiente. O estudo simulou as consequências das diversas interações entre os seres humanos e o planeta Terra e levanta importantes questões que podem ser associadas às previsões de Thomas Malthus (1766 - 1834) em seu famoso e eventualmente profético trabalho "An Essay on the Principle of Population", de 1798.

A existência de um sistema democrático pode ser vista como uma condição fundamental para o desenvolvimento. Numa sociedade democrática, em que os diferentes grupos sociais estejam representados politicamente e em que haja alternância de poder, ainda que possa criar certas instabilidades políticas, é mais provável que as políticas públicas alcancem uma maior parcela da população, reduzindo as desigualdades sociais.

6.7.5. O Aspecto Tecnológico

A existência de estruturas científicas e tecnológicas pode ser vista como uma condição fundamental para o desenvolvimento. Sociedades que são capazes de pensar o futuro do ponto de vista tecnológico são mais preparadas para enfrentar os desafios do desenvolvimento no presente. A criação de parques tecnológicos e de centros de pesquisa, a existência de universidades que possam passar o conhecimento mais atualizado para seus estudantes e criar conhecimento novo para o futuro, uma efetiva relação entre o conhecimento produzido nos centros de pesquisa e universidades e o mercado de bens e serviços, são fatores que podem viabilizar um efetivo desenvolvimento contribuindo para assegurar um nível adequado de competitividade internacional. A tecnologia tem importante papel na redução da escassez dos recursos naturais, ao dar-lhe um uso mais racional e eficiente.

6.7.6. O Aspecto Militar

Uma nação para criar um ambiente favorável ao desenvolvimento deve ser capaz de se defender de ameaças externas. Uma capacidade militar mínima é condição essencial para que a sociedade se sinta segura para viver, prosperar e se desenvolver.

6.7.7. O Aspecto Humano

A existência de um elevado nível de desenvolvimento humano pode ser vista como uma condição fundamental para o desenvolvimento a longo prazo. Investimentos em educação, saúde e conhecimentos permitem à sociedade encontrar com mais facilidade os caminhos do progresso material e espiritual, além de propiciar as condições necessárias à obtenção de um padrão de competitividade internacional. O desenvolvimento humano permite decodificar os segredos de um mundo em contínua mudança e transformação com benefícios para a Humanidade.

6.7.8. Os Princípios Morais

A existência de uma base moral que desestimule a corrupção dos governos e dos indivíduos e que estimule a boa convivência entre os indivíduos, pode ser vista como uma condição fundamental para o desenvolvimento. Sociedades que cultivam mais o valor da honestidade

Thomas Malthus

No trabalho original de 1972, cinco variáveis foram analisadas: população mundial, industrialização, poluição, produção de alimentos e uso de recursos naturais. A intenção dos autores foi determinar a possibilidade de se alcançar um padrão de sustentabilidade ao alterar as tendências de crescimento entre as cinco variáveis.

Em 2004, esse trabalho foi atualizado com o título "Limits to Growth: The 30-Year Update".

A questão central associada a esse debate é que o crescimento econômico requer o uso cada vez maior de recursos não renováveis do planeta, causando efeitos irreversíveis a todo o ecossistema planetário e, assim, haveria um limite ao crescimento econômico além do qual a Civilização Humana ficará em risco de extinção.

De acordo com esse trabalho, p. 4:

The signs are everywhere around us:
• Sea level has risen 10–20 cm since 1900. Most non-polar glaciers are retreating, and the extent and thickness of Arctic sea ice is decreasing in summer.
• In 1998 more than 45 percent of the globe's people had to live on incomes averaging $2 a day or less. Meanwhile, the richest one fifth of the world's population has 85 percent of the global GNP. And the gap between rich and poor is widening.
• In 2002, the Food and Agriculture Organization of the UN estimated that 75 percent of the world's oceanic fisheries were fished at or beyond capacity. The North Atlantic cod fishery, fished sustainably for hundreds of years, has collapsed, and the species may have been pushed to biological extinction.
• The first global assessment of soil loss, based on studies of hundreds of experts, found that 38 percent, or nearly 1.4 billion acres, of currently used agricultural land has been degraded.
• Fifty-four nations experienced declines in per capita GDP for more than a decade during the period 1990–2001.

These are symptoms of a world in overshoot, where we are drawing on the world's resources faster than they can be restored, and we are releasing wastes and pollutants faster than the Earth can absorb them or render them harmless. They are leading us toward global environmental and economic collapse—but there may still be time to address these problems and soften their impact."

Em português:

"Os sinais estão em toda parte à nossa volta:
• O nível do mar subiu 10-20 cm desde 1900. A maioria dos glaciares não polares está recuando, e a extensão da densidade do gelo do mar Ártico está diminuindo no verão.
• Em 1998 mais de 45 por cento da população do planeta vivia com renda média de US$ 2 por dia ou menos. Enquanto isso, os 20 por cento mais ricos da população mundial tinham 85 por cento do PNB global. E a diferença entre ricos e pobres está se ampliando.
• Em 2002, a Organização para a Alimentação e Agricultura da ONU estimou que 75 por cento dos estoques marinhos de peixe foram pescados a plena capacidade ou mesmo além. A pesca do bacalhau no Atlântico Norte, feita de modo sustentável durante séculos, entrou em colapso, e a espécie pode ter sido levada ao nível da extinção biológica.
• A primeira avaliação global da perda de solo, baseada em estudos de centenas de especialistas, encontrou que 38 por cento, ou aproximadamente 1,4 bilhão de acres, da terra presentemente utilizada foram degradados.
• 54 nações experimentaram declínio em seu PIB per capita por mais de uma década durante o período 1990-2001.
Estes são sintomas de um mundo superaquecido, em que retiramos recursos de um modo mais rápido do que pode ser restaurado, e nós estamos produzindo lixo e poluentes de modo mais rápido do que a capacidade da Terra em absorvê-los ou torná-los inofensivos. Esses sintomas estão nos levando em direção a um colapso ambiental e econômico global – mas pode ainda haver tempo para endereçar estes problemas e suavizar seus impactos."

Os anos 2000s representam um novo paradigma centrado no aprofundamento da globalização capitalista, num mundo econômico multipolar (Estados Unidos, União Europeia, Japão, Brasil, China, Índia, Rússia), na luta pela hegemonia tecnológica, na ascensão do valor das matérias-primas num mundo caracterizado por crescente escassez de recursos naturais, na necessidade de conciliar progresso econômico com a preservação do meio ambiente, na aceleração das desigualdades continentais, com destaque negativo para a África, que, com exceção de alguns poucos países, mergulha no abismo econômico e social.

Nesse contexto, estaria o mundo caminhando para um cenário catastrófico, na direção daquele apontado pelos estudos antes mencionados? A resposta é que ainda é cedo para dizer. Todavia, se nada for feito, se o modelo de desenvolvimento atual não for alterado para um modelo mais racional e sustentado no uso dos recursos naturais, no uso crescente de recursos renováveis, como energia renovável, no controle do crescimento populacional, no combate à desertificação das terras produtivas, num programa mundial de reflorestamento, na redução da geração de lixo e poluentes e na preservação dos mananciais da água e da vida marinha, então essa catástrofe será inevitável.

A lógica do assim-chamado "mercado" é que as economias e as empresas estão bem se produção, consumo e lucros crescem de modo sustentado a longo prazo. A estagnação ou a queda no crescimento dessas variáveis por um longo período são incompatíveis com essa lógica e levariam a crises sistêmicas, amplificadas pelos mecanismos de especulação dos mercados financeiros internacionais.

Por outro lado, os recursos planetários são finitos, ainda que, é óbvio, substancial quantidade de recursos naturais esteja por descobrir embaixo das florestas e embaixo dos oceanos (minerais, petróleo, gás, etc.).

Finalmente, sempre pode ser dito que, no futuro, assumindo crescimento tecnológico exponencial e sucessivas rupturas tecnológicas na área espacial, a exploração comercial de planetas, como Marte, poderia adiar por séculos ou mesmo milênios essa crise definitiva anunciada para a sociedade humana.

6.9. Indicadores de Progresso Humano, Social e Ambiental

6.9.1. Progresso Humano

Progresso humano, no sentido de desenvolvimento humano, pode ser visto como o processo de valorização dos aspectos não econômicos da vida humana. Assim, além dos fatores econômicos como renda, viver muito e com boa saúde e ter acesso a conhecimentos e a uma educação são elementos representativos do Progresso Humano.

6.9.1.1. IDH - ÍNDICE DE DESENVOLVIMENTO HUMANO

O IDH é uma medida do desenvolvimento humano que permite classificar os diversos países em três níveis:

1. Países desenvolvidos;
2. Países em desenvolvimento;
3. Países subdesenvolvidos.

O IDH foi desenvolvido, em 1990, pelos economistas Mahbub ul Haq (1934-1998) e Amartya Sen e começou a ser utilizado em 1993 pelo PNUD

– Programa das Nações Unidas para o Desenvolvimento na preparação de seu relatório anual.

A partir do Relatório de Desenvolvimento Humano de 2010, o PNUD começou a utilizar uma nova metodologia para calcular o IDH.

O IDH mede o desempenho médio de um país em três dimensões:

1. <u>Uma vida longa e saudável</u> – medida pela expectativa de vida ao nascer;
2. <u>Conhecimento</u> – medido por um índice de educação que inclui um índice de anos médios de estudo e um índice de anos esperados de escolaridade; e
3. <u>Um padrão de vida decente</u>, medido pela RNB per capita (PPP US$).

Indicadores que compõem o IDH:

1. Expectativa de vida ao nascer;
2. Anos médios de estudo;
3. Anos esperados de escolaridade; e
4. Renda Nacional per capita (PPP US$).

Antes de o IDH ser calculado, é necessário criar um índice para cada uma dessas três dimensões, de acordo com a seguinte fórmula:

$$\text{Índice de Dimensão} = \frac{\text{Valor do País} - \text{Valor Mínimo}}{\text{Valor Máximo} - \text{Valor Mínimo}}$$

O IDH é então calculado como uma média simples dos índices de dimensão.

Fórmula do IDH utilizada em 2010:

O IDH é a média geométrica de três índices de dimensão:

$$IDH = (IEV^{\frac{1}{3}} \times IE^{\frac{1}{3}} \times IRN^{\frac{1}{3}})$$

Onde:

IEV = Índice de Expectativa de Vida;

$$IEV = \frac{EV - 20}{83,2 - 20}$$

IE = Índice de Educação;

$$IE = \frac{\sqrt[2]{IAME \times IAEE} - 0}{0,951 - 0}$$

IAME = Índice de Anos Médios de Estudo;

$$IAME = \frac{AME - 0}{13,2 - 0}$$

IAEE = Índice de Anos Esperados de Escolaridade;

$$IAEE = \frac{AEE - 0}{20,6 - 0}$$

IRN = Índice de Renda Nacional per capita (PPC);

$$IRN = \frac{ln(RBN_{pc}) - ln(163)}{ln(108.211) - ln(163)}$$

Metas utilizadas no cálculo do IDH em 2011:

INDICADOR	VALOR MÁXIMO OBSERVADO	VALOR MÍNIMO
Expectativa de vida ao nascer (anos)	83,4 (Japão)	20
Média de anos de escolaridade	13,1 (República Tcheca)	0
Expectativa de anos de escolarização	18,0	0
Renda Nacional per capita (PPP US$)	107,7 (Catar)	100

6.9.1.1.1. Avaliando o IDH

O IDH tem três grupos de países: países de baixo desenvolvimento humano, países de médio desenvolvimento humano e países de alto desenvolvimento humano. No Relatório de Desenvolvimento Humano de 2018, dentre 178 países, os países de baixo desenvolvimento humano foram classificados num intervalo entre 0,452 (pior índice, apresentado pelo Yemen) e 0,546 (índice apresentado pelas Ilhas Salomão). Os países de desenvolvimento humano médio foram classificados num intervalo entre 0,556 (Camarões) e 0,699 (Filipinas). Finalmente, os países de alto desenvolvimento humano foram classificados num intervalo entre 0,700 (Moldávia) e 0,953 (Noruega, país de mais alto elevado desenvolvimento humano).

6.9.1.1.2. Críticas ao IDH- Índice de Desenvolvimento Humano

Da mesma forma que o PIB per capita recebeu muitas críticas como medida de crescimento econômico, o IDH também não tem estado imune a críticas. A única crítica que julgamos procedente é a de que O IDH não utiliza qualquer indicador que meça os impactos das políticas de desenvolvimento sobre o meio ambiente.

6.9.1.2. IPH – Índice de Pobreza Humana

O IPH, desenvolvido pelas Nações Unidas, é um indicador do padrão de vida de um país e que reflete o grau de privação média da sociedade nas três dimensões utilizadas pelo IDH:

- Uma vida longa e saudável;

- Conhecimentos; e

- Um padrão de vida decente.

Existem dois índices, um para os países em desenvolvimento e outro para os países desenvolvidos. A fórmula para calcular o IPH para os <u>países em desenvolvimento</u> é:

$$IPH_1 = \left[\frac{1}{3}(p_1^\partial + p_2^\partial + p_3^\partial)\right]^{\frac{1}{\partial}}$$

Onde:

P_1=Probabilidade ao nascer de não sobreviver até a idade de 40 anos (multiplicado por 100);
P_2=Taxa de analfabetismo adulta;
P_3=Média não ponderada da população sem acesso a água potável e crianças abaixo do peso para sua idade;
α=3.

A fórmula para calcular o IPH para os <u>países desenvolvidos</u> é:

$$IPH_2 = \left[\frac{1}{4}(p_1^\partial + p_2^\partial + p_3^\partial + p_4^\partial)\right]^{\frac{1}{\partial}}$$

Onde:

P_1= Probabilidade ao nascer de não sobreviver até a idade de 60 anos (multiplicado por 100);
P_2= Adultos analfabetos funcionais;
P_3= População abaixo da linha de pobreza (50% da renda disponível média ajustada das famílias);
P_4= Taxa de desemprego de longo prazo (últimos 12 meses ou mais);
∂=3.

6.9.2. Progresso Social

6.9.2.1. Índice de Progresso Social - IPS

Calculado pela organização "Social Progress Imperative", com o pressuposto de que o crescimento econômico é importante, mas não é suficiente para explicar o progresso social, o IPS – Índice de Progresso Social ("Social Progress Index") é um indicador que define progresso social como "a capacidade de uma sociedade alcançar as necessidades humanas básicas de seus cidadãos, estabelecendo as fundações que permitem aos cidadãos e comunidades alcançar e manter a qualidade de suas vidas, e criar condições para todos os indivíduos alcançarem seu pleno potencial".

O IPS tem três dimensões: 1) Necessidades Humanas Básicas (Nutrição e Cuidados Médicos Básicos, Água e Saneamento, Moradia e Segurança); 2) Fundações do Bem-Estar (Acesso a Conhecimento Básico, Acesso à Informação e Comunicação, Saúde e Bem-Estar, Qualidade do Meio Ambiente); e 3) Oportunidade (Direitos Pessoais, Liberdade Individual e Escolha, Tolerância e Inclusão, Acesso a Educação Superior).

Juntos, ao ver dos formuladores do IPS, este conjunto de fatores representa os elementos primários que produzem um dado nível de progresso social, a partir do uso de indicadores do desempenho de cada nação, diferente de outros indicadores como PIB per capita, IDH ou Índice de Vida Melhor ("OECD Better Life Index").

Em resumo, o IPS tem como principal escolha metodológica:

- Foco em dimensões não econômicas do desempenho nacional;
- Uma abordagem de medida baseada em indicadores prospectivos, ao invés de medidas correntes;
- Uma estrutura holística consistindo de três dimensões amplas do progresso social, cada qual sendo a soma de quatro componentes com a mesma ponderação; e
- O cálculo de cada componente é a soma ponderada de uma série de medidas, sendo os pesos determinados através da análise de componentes principais.

6.9.2.2. IVM - Índice de Vida Melhor – OCDE

O Índice de Vida Melhor – OCDE é um índice de qualidade de vida calculado pela OCDE – Organização para a Cooperação e o Desenvolvimento Econômico, a partir de 11 (onze) indicadores principais (dimensões da vida) que utilizam 25 (vinte e cinco) indicadores. O bem-estar é visto como um conceito multidimensional e esse índice assume que um melhor entendimento do bem-estar dos indivíduos é fundamental para desenvolver melhores políticas visando melhorar a vida das pessoas.

Indicadores (Dimensões da Vida) do IVM:

- Habitação (domicílios sem instalações básicas, gastos com habitação e quartos por pessoa);
- Renda (renda disponível líquida por família, saúde financeira líquida por família);
- Emprego (insegurança do mercado de trabalho, taxa de desemprego, taxa de desemprego de longo prazo, renda pessoal);
- Comunidade (qualidade da rede de suporte);
- Educação (resultado educacional, habilidade dos estudantes e anos de escolaridade);
- Meio Ambiente (poluição do ar e qualidade da água);
- Engajamento Cívico (envolvimento das partes interessadas no desenvolvimento de regulação apropriada e participação nas eleições);
- Saúde (expectativa de vida e saúde declarada);
- Satisfação Com a Vida (satisfação com a vida);
- Segurança (sentimento de segurança sozinho à noite); e
- Balanço Vida-Trabalho (trabalhadores trabalhando em demasia, tempo dedicado a lazer e cuidados pessoais).

6.9.3. Progresso Ambiental

6.9.3.1. IBES – Índice de Bem-Estar Econômico Sustentável

O IBES tem por objetivo substituir o PIB como um indicador de desenvolvimento, incluindo a distribuição da renda, o custo provocado pela poluição e outros custos não sustentáveis economicamente.

A fórmula do IBES é:

IBES = Consumo Pessoal + Gastos Públicos não relacionados com segurança – Gastos Privados relacionados com segurança + Formação de Capital + Serviços com trabalho doméstico – Custos da Degradação Ambiental – Depreciação do Capital Natural.

6.9.4. Outros Indicadores

6.9.4.1. IPG – Indicador de Progresso Genuíno

O IPG é um indicador derivado de conceitos ecológicos e de bem-estar econômico que visa substituir o PIB como uma medida do crescimento econômico. O IPG contrapõe os benefícios do crescimento econômico com uma série de custos gerados por esse crescimento, tais como:

- Custo da exaustão dos recursos;
- Custo do crime;
- Custo da destruição da camada de ozônio;
- Custo de rupturas familiares;
- Custo da poluição sonora, do ar e da água;

- Perda da área agrícola; e
- Perda dos mananciais de água.

6.9.4.2. IFNB – Índice de Felicidade Nacional Bruta

O IFNB é uma tentativa de medir a qualidade de vida comparativamente ao PIB tradicional, valorizando os valores espirituais em contraposição aos valores materiais.

6.9.4.3. IPF – Índice do Planeta Feliz

O IPF é um índice que mede o bem-estar humano e os impactos ambientais e que contesta outros índices como o PIB e o IDH, porque os últimos não levariam em conta medidas de sustentabilidade.

6.9.4.4. ISCV – Índice de Satisfação Com a Vida

O ISCV utiliza-se do conceito de felicidade ou satisfação com a vida, sendo muito utilizado em estudos nas áreas da Economia e da Sociologia.

6.9.4.5. PIB Verde

O PIB Verde é um índice de crescimento econômico que mede as consequências, em termos econômicos, da perda de biodiversidade e dos impactos das alterações climáticas causados pela emissão de gases de efeito-estufa.

6.9.5. Visão Filosófica Sobre a Felicidade

Anício Boécio (480-524), filósofo romano de múltiplas habilidades, foi um dos fundadores da Escolástica. Traduziu importantes obras dos clássicos gregos, procurando preservar o conhecimento ocidental. Acusado de traição, foi condenado à morte. Enquanto a aguardava, escreveu sua mais importante obra: "De Consolatione Philosophiaes" ("A Consolação da Filosofia"), na qual aborda o conceito de eternidade e em que pretende demonstrar que a verdadeira fonte de felicidade humana é o amor de Deus. É considerado um dos mártires da Igreja Católica.

Para os Estoicos o fim principal do homem é a felicidade. A virtude é o único bem e a felicidade consiste exclusivamente na virtude. No Império Romano, o estoicismo tornou-se a religião das classes dominantes. Para os estoicos, dado que basta a virtude para alcançar a felicidade, os sábios não sofreriam o infortúnio da vida.

Estoicismo é a doutrina filosófica fundada por Zenão de Cítio, em Atenas, no início do século III a.C. e que assume que o fim principal do homem é a felicidade, que a virtude é o único bem e que a felicidade consiste exclusivamente na virtude.

Em 1516 Thomas Morus (1478-1535) publica "Utopia". Essa obra retrata um país imaginário, um Estado ideal, onde toda a propriedade seria coletiva e não existiriam classes sociais, onde um governo organizado cria condições de vida excelentes para um povo que vive em equilíbrio e felicidade, uma espécie de sociedade comunitária.

O Utilitarismo é uma concepção filosófica sobre a doutrina moral acerca do comportamento, das motivações e das ações dos seres humanos na busca egoística do prazer individual, cuja consequência será a obtenção da felicidade para o maior número de indivíduos, na medida em que os interesses individuais acabam por beneficiar a toda a coletividade. O utilitarismo pressupõe a utilidade como o valor máximo. O utilitarismo tem exercido uma profunda influência na história do pensamento econômico. John Stuart Mill (1806-1873) e Jeremy Bentham (1748-1832) principais pensadores utilitaristas, postularam ser o estudo do comportamento hedonista do indivíduo em sociedade a fonte primária da construção científica da economia:

John Stuart Mill (1806-1873)

"A natureza colocou o gênero humano sob o domínio de dois senhores: a dor e o prazer. Somente a eles compete apontar o que devemos fazer, bem como determinar o que na realidade faremos (...). Os dois senhores de que falamos nos governam em tudo o que fazemos, em tudo o que dizemos, em tudo o que pensamos (...)".
Bentham, J. Uma Introdução aos Princípios da Moral e da Legislação. SP: Abril Cultural, 1974, p. 9.

Jean Jacques Rousseau (1712-1778) foi um dos mais importantes pensadores iluministas. Suas principais obras são "*Discursos Sobre a Origem e os Fundamentos da Desigualdade Entre os Homens*"; e "*Contrato Social*". Na primeira, criticou a propriedade privada que, a seu ver, gerava a infelicidade humana. O aparecimento da propriedade privada arrancaria o homem de seu "doce contato com a natureza" e acabaria por gerar desigualdades entre os homens. Rousseau defendia a existência de uma sociedade formada por pequenos produtores independentes entre si. Contudo, foi na obra intitulada "Contrato Social" que Rousseau concebeu a ideia de que a soberania reside no povo, colocando em segundo plano o direito individual e privilegiando a vontade da maioria expressa pelo sufrágio universal. O Estado, como representante dessa maioria sufragada pelo voto, deveria ter todo o poder, ao ver de Rousseau.

Jean-Jacques Rousseau

De acordo com John Locke (1632-1704), um dos pais do empirismo inglês e pai do Liberalismo, a finalidade da política é a busca da felicidade do homem, que busca a paz, a harmonia e a segurança. Os homens abandonaram seu estado natural criando a sociedade civil de modo a garantir a propriedade privada. Para Locke, o poder deve ser concentrado nas mãos do Poder Legislativo, que é o poder representativo da sociedade, sendo o absolutismo político, ao ver de Locke, um fenômeno antinatural. Locke defende a propriedade privada e o Estado burguês, afirmando o individualismo, a tolerância e a liberdade religiosa, bases necessárias para o progresso econômico e científico que acabaria por ser gerado.

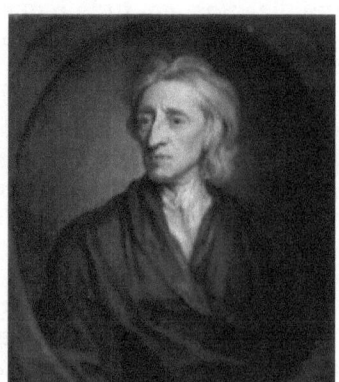
John Locke

7. O Problema da Informalidade

Um dos fenômenos mais importantes, principalmente nas economias em desenvolvimento, nas últimas décadas, é o crescimento da chamada Economia Informal.

7.1. Definição de Economia Formal e de Economia Informal

Economia formal é o conjunto de atividades econômicas com registro formal e legal de empregados e o recolhimento regular dos tributos (impostos, taxas e contribuições) exigidos pelas legislações tributária e trabalhista.

Por sua vez, economia informal é o conjunto de atividades econômicas sem registro formal e legal de empregados e/ou o recolhimento regular dos tributos exigidos pela legislações tributária, previdenciária e trabalhista (impostos, taxas e contribuições), abrangendo qualquer tipo de atividade econômica como indústria, comércio, pequeno artesanato, serviços de vigia de estacionamento e de segurança) e as atividades consideradas ilegais (sonegação, contrabando, tráfico de armas e drogas, lavagem de dinheiro).

7.2. Informalidade e Legislação

Como se vê pelas definições acima, há uma forte relação entre o conceito de informalidade e as legislações tributária e trabalhista. Podemos definir Legislação Trabalhista no Brasil como o conjunto de normas jurídicas que regulam as relações entre empregados e empregadores, compreendendo a Constituição Federal, a CLT – Consolidação das Leis do Trabalho, bem como o conjunto da legislação ordinária que versa sobre a matéria.

A legislação trabalhista, ao fixar direitos e obrigações, cria certos custos trabalhistas e de previdência social, que podem inviabilizar muitas empresas, principalmente as pequenas e micro, que não conseguem pagar esses custos e ainda sobreviver. Assim, muitas empresas e muitos trabalhadores recorrem à informalidade, evitando incorrer nos custos impostos pela legislação trabalhista. A legislação trabalhista e os custos trabalhistas no Brasil são muito mais rígidos do que em vários outros países, como, por exemplo, a China. O custo trabalhista no Brasil representa, aproximadamente, 103% a mais do salário, em média.

A legislação que regula as relações de trabalho no País (CLT – Consolidação das Leis do trabalho) pode reverter o processo de crescimento da informalidade da economia, reduzindo as exigências legais impostas à contratação de empregados pelo mercado formal, o que reduziria os custos trabalhistas e estimularia as empresas a contratar trabalhadores com todos os direitos e deveres legais. No sentido mais amplo, a solução para o problema da informalidade seria reduzir a burocracia estatal, baixar os custos trabalhistas e de previdência social, acelerar o crescimento da economia e criar programas de formação da mão de obra que permitam a inserção dos trabalhadores no mercado formal da economia, aumentando sua produtividade.

A legislação tributária, ao exigir uma série de tributos das empresas, também contribui para o aumento da informalidade, tornando muito difícil – senão impossível – o funcionamento de muitas empresas.

Nesse sentido, ao simplificar o funcionamento das micro e pequenas empresas e a redução dos custos desse funcionamento e do pagamento de tributos e da contratação de mão de obra, a legislação referente às micro e pequenas empresas, por exemplo, contribui para a redução da informalidade da economia.

7.3. Implicações Negativas da Informalidade

A informalidade gera uma série de efeitos negativos sobre a economia, a saber:

- 7.3.1. **Tamanho da Informalidade**: As estatísticas quanto ao tamanho do setor informal variam, mas estima-se que ele represente entre 20% e 50% do setor formal. Assim, o PIB formal não reflete o verdadeiro tamanho da economia real, havendo uma dificuldade estatística de se determinar o verdadeiro valor do PIB quando se observa uma excessiva informalidade.
- 7.3.2. **Crescimento das Atividades Ilegais e Criminosas**: Ao funcionar fora do circuito formal e legal, a informalidade pode abrir caminho às atividades ilegais, que operam na sombra de outras atividades menos danosas para a sociedade, atraindo indivíduos que, em troca de uma maior remuneração, resolvem assumir os riscos dessas atividades.
- 7.3.3. **Redução da Competitividade das Empresas Formais**: A informalidade pode afetar a competitividade entre empresas, na medida em que uma empresa que não paga seus impostos e seus custos trabalhistas fica em vantagem em relação a outras empresas que o façam, na medida em que pode vender mais barato e reduzir a concorrência aumentando seus lucros no longo prazo. A sonegação por parte de uma ou mais empresas reduz o seu custo vis-à-vis os seus concorrentes, afetando a competitividade das empresas que pagam corretamente seus tributos, constituindo-se numa vantagem desleal e ilegal. O comércio informal é o meio pelo qual a indústria da pirataria dá vazão a sua produção. A informalidade estimula a sonegação e a

queda da arrecadação tributária. A sonegação altera os preços relativos, prejudicando as empresas que efetuam os pagamentos dos impostos e encargos regularmente.

7.3.4. **Alterações no Equilíbrio Atuarial da Previdência**: A informalidade, ao não contribuir para a arrecadação tributária e de previdência social, pode, dependendo da dimensão da sonegação desses tributos, afetar negativamente a oferta de serviços públicos e o equilíbrio atuarial da previdência social, na medida em que o governo não terá recursos para financiar a oferta de seus serviços públicos e a previdência social a longo prazo. O sistema de seguridade social deixa de receber as contribuições dos trabalhadores que ingressam no mercado informal, bem como a contrapartida das empresas, colocando em risco o equilíbrio atuarial do sistema a longo prazo. Para o país, a diminuição da formalidade traz problemas como a queda nas contribuições para a previdência, gerando um aumento do déficit da previdência, provocado pela concessão de benefícios mínimos (por exemplo, salário mínimo ao aposentado rural) sem a correspondente receita.

7.4. Implicações Positivas da Informalidade

A informalidade também é capaz de gerar alguns efeitos positivos sobre a economia, a saber:

7.4.1. **Maior Equilíbrio Social**: Ao absorver mão de obra não integrada no mercado formal, a informalidade contribui para a redução das tensões sociais, na medida em que é um fator gerador de renda e de emprego para os trabalhadores de renda média e baixa.

7.4.2. **Crescimento da Demanda na Economia Formal**: Há uma inevitável relação entre os setores formal e informal da economia, por via da demanda dos trabalhadores (consumo de bens e serviços). Assim, o aumento do tamanho do setor informal não necessariamente retarda o crescimento econômico do país. Por outro lado, se esse crescimento do setor informal for o resultado do pouco dinamismo da economia formal, de sua falta de competitividade internacional e do pouco preparo dos trabalhadores, sem dúvida, leva à estagnação econômica.

7.4.3. **Escola de Empreendedores**: A informalidade é uma espécie de escola para futuros empresários que aprendem a sobreviver numa situação extrema, podendo gerar empreendedores que contribuem para o progresso da economia no futuro (Exemplo: o empresário Sílvio Santos, no Brasil).

O que leva um trabalhador a buscar a informalidade é não encontrar no mercado formal oportunidades de emprego ou trabalho que satisfaçam suas necessidades de sobrevivência e/ou ambições pessoais, quanto a renda e/ou satisfação pessoal no trabalho. Por outro lado, a expansão do mercado informal pode ser considerada um fenômeno típico das economias desequilibradas. A ineficiência do sistema estatal, caracterizado pela cobrança excessiva de tributos, pela burocracia e pela corrupção, faz com que a vida dentro das regras formais e legais, através do pagamento correto de tributos e respeito aos direitos individuais e sociais do cidadão, torne-se inviável, estimulando, dessa maneira, o surgimento de práticas que apesar de não cumprirem o que determina a ordem jurídica, garantem condições mínimas de sobrevivência a muitos cidadãos, funcionando como uma espécie de "freio" capaz de evitar o colapso social.

O aumento do emprego e da atividade informais tem um impacto ambíguo sobre a renda nacional, uma vez que:

- Reduz o valor da renda nacional formal, caso os trabalhadores troquem o mercado formal pelo mercado informal;
- Aumenta a renda nacional formal, pelo efeito positivo dos gastos dos trabalhadores no mercado formal que estavam desempregados e ingressaram no mercado informal.

8. Exercícios Propostos

8.1. Defina crescimento econômico.
8.2. Qual é a medida-padrão do crescimento econômico? Que críticas são feitas à utilização dessa medida como um indicador do bem-estar social?
8.3. Cite alguns modelos de crescimento econômico.
8.4. Qual é a principal crítica que se faz aos modelos de crescimento econômico?
8.5. Quais são as principais variáveis explicativas do crescimento econômico?
8.6. Defina desenvolvimento econômico e desenvolvimento sustentável.
8.7. Quais são as principais teorias do desenvolvimento econômico?
8.8. Quais são os temas principais das abordagens recentes ao problema do desenvolvimento econômico?
8.9. Quais são os limites ao desenvolvimento econômico?
8.10. Que relação pode ser traçada entre a Lei da População de Malthus e o desenvolvimento econômico?
8.11. Quais são os principais indicadores de desenvolvimento econômico?

8.12. Como pode ser avaliado o IDH – Índice de Desenvolvimento Humano, em termos do grau de desenvolvimento de determinado País?
8.13. Defina economia formal e economia informal.
8.14. Que relação você pode traçar entre a legislação e a economia informal?
8.15. Cite algumas implicações positivas da informalidade.
8.16. Cite algumas implicações negativas da informalidade.
8.17. Quais princípios da ordem econômica nacional podem ser relacionados com o desenvolvimento econômico (Art. 170, CF)?
8.18. Quais são os objetivos fundamentais da República Federativa do Brasil (Art. 3º, CF)?
8.19. A quem compete elaborar e executar os planos nacionais de desenvolvimento econômico e social (Art. 21, CF)?
8.20. De quem é a competência para combater as causas da pobreza e os fatores de marginalização, promovendo a integração social dos setores desfavorecidos (Art. 23, X)?
8.21. Quem executa a política de desenvolvimento urbano e qual é seu objetivo (Art. 182, CF)?
8.22. Quem aprova o plano diretor e qual é sua função (Art. 182, § 1º, CF)?
10.23. Quando a propriedade urbana cumpre sua função social (Art. 182, § 2º, CF)?
8.24. Quando a propriedade rural cumpre sua função social (Art. 186, CF)?
8.25. Como a Constituição Federal define a ordem social (Art. 193, CF)?
8.26. Quem tem direito à saúde e qual é o dever do Estado nessa matéria (Art. 196, CF)?
8.27. Como a Constituição Federal incentiva o mercado interno (Art. 219, CF)?
8.28. De quem é a competência para proporcionar meios de acesso à educação, cultura e ciência (Art. 23, V, CF)?
8.29. De quem é a competência para legislar concorrentemente sobre educação, cultura, ensino e desporto (Art. 24, IX, CF)?
8.30. O ensino no Brasil será ministrado de acordo com quais princípios (Art. 206, CF)?
8.31. Como será planejada e executada a política agrícola no Brasil (Art. 187, CF)?

9. Bibliografia

Acemoglu, Daron, Simon Johnson and James Robinson (2001) "The Colonial Origins of Economic Development: An Empirical Investigation". *The American Economic Review*, n°.91: 1361-1401.
Acemoglu, Daron, Simon Johnson e James Robinson (2004) "Institutions as the Fundamental Cause of Long-run Growth". Cambridge, MA: National Bureau of Economic Research, Working Paper 10481, May 2004. (92 pp).
Adams, John e Francesco Pigliaru, orgs. (1999) *Economic Growth and Change*. Cheltenham: Elgar Press.
Agarwala e Singh, orgs. (1958) *The Economics of Underdevelopment*. New York: Oxford University Press.

Abramovitz, Moses e Paul A. David (1996) "Convergence and Deferred Catch-up: Productivity Leadership and the Waning of American Exceptionalism". *In* Ralph Landau, Timothy Taylor e Gavin Wright, orgs. (1996) *The Mosaic of Economic Growth.* Stanford University Press.
Alam, M. Shahid (1999) "Does Soverenity Matter for Economic Growth? An Analysis of Growth Rates Between 1870 and 1950". *In* John Adams e Francesco Pigliaru, orgs. (1999) *Economic Growth and Change.* Cheltenham: Elgar Press: 46-70.
Bresser Pereira, Luiz Carlos (1977) *Estado e Subdesenvolvimento Industrializado.* São Paulo: Brasiliense.
Bresser Pereira, Luiz Carlos (1986) *Lucro, Acumulação e Crise.* São Paulo: Editora Brasiliense.
Bresser-Pereira, Luiz Carlos (2004) *Democracy and Public Management Reform.* Oxford: Oxford University Press.
Bresser-Pereira, Luiz Carlos (2004) *Democracy and Public Management Reform.* Oxford: Oxford University Press. Capítulos 10 (The Republican State), 11 (Republican Democracy).
Bresser-Pereira, Luiz Carlos & Yoshiaki Nakano (2002) "Uma Estratégia de Desenvolvimento com Estabilidade". *Revista de Economia política* 21(3) julho 2002: 146-177.
Bresser-Pereira (2004) *Democracy and Public Management Reform.* Oxford: Oxford University Press.
Bielschowsky, Roberto (1988) *O Pensamento Econômico Brasileiro.* Rio de Janeiro: IPEA/INPES. Capítulo 3: "O Pensamento Desenvolvimentista": 91-212.
Bresser-Pereira, Luiz Carlos (1978) "Empresas Multinacionais e Interesses de Classe". *Encontros com a Civilização Brasileira* n°.4, outubro 1978. 11-29.
Bresser Pereira, Luiz Carlos (1973) "O Novo Modelo de Desenvolvimento". *Dados,* n.11, sem mês, 1973.
Bresser-Pereira, Luiz Carlos & José Márcio Rego (1993) "Um Mestre da Economia Brasileira: Ignácio Rangel". *Revista de Economia Política* 13(2) abril 1993: 98-119
Bresser-Pereira, Luiz Carlos (2001) "Decisões Estratégicas e *Overlapping Consensus* na América Latina". *Revista de Economia Política* 21(4), outubro 2001: 3-29.
Bresser-Pereira, Luiz Carlos (2004) *Democracy and Public Management Reform.* Oxford: Oxford University Press.
Bresser-Pereira, Luiz Carlos (2000) "Entre o Globalismo e o Velho Nacionalismo". *In* Henrique Rattner, org., *Brasil no Limiar do Século XXI.* São Paulo: EDUSP, 2000: 39-55.
Tsai, Ming-Chang (1999) "Geopolitics, State, and Political Economy of Growth". *Review of Radical Political Economics* 31(3) Summer 1999: 101:109.
Bresser-Pereira, Luiz Carlos (2004) *Democracy and Public Management Reform.* Oxford: Oxford University Press.
Bresser Pereira, Luiz Carlos (1977) *Estado e Subdesenvolvimento Industrializado.* São Paulo: Brasiliense.

Bacha, Edmar L. (1973) "Sobre a Dinâmica de Crescimento da Economia Industrial Subdesenvolvida". *Pesquisa e Planejamento Econômico* 3(4) dezembro, 1973.
Bairoch, Paul (1967) *Revolución Industrial y Subdesarrollo*. México, Siglo XXI.(entender a relação entre a Revolução Industrial e a prévia revolução agrícola na Inglaterra.
Landes, David S. (1999) *The Wealth and Poverty of Nations*. New York: W. W. Norton.
Becker, Gary S. (1993) *Human Capital* (Terceira Edição). Berkeley: Chicago: The University of Chicago Press.
Kay, Cristobal (1989) *Latin American Theories of Development and Underdevelopment*. Londres: Routledge.
Bresser Pereira, Luiz Carlos (1995) "A Teoria do Desenvolvimento Econômico e a Crise de Identidade do Banco Mundial". *Revista de Economia Política* 15(1) janeiro 1995.
Bardhan, Pranab (1988) "Alternative Approaches to Development Economics". In H.Chenery e T.N.Sriniasan, orgs. (1988) *Handbook of Development Economics*. Amsterdam: North Holland: 40-71.
Boyer, Robert (1996) "The Convergence Hypothesis Revisited: Globalization but Still the Century of Nations?". *In* Berger, Suzanne e Ronald Dore, orgs. (1996) *National Diversity and Global Capitalism*. Ithaca: Cornell University Press: 29-59.
Boyer, Robert (2004) *The Future of Economic Growth*. Cheltenham: Elgar Press.
Bresser-Pereira, Luiz Carlos (1968/2003) *Desenvolvimento e Crise no Brasil: 1930-2003*, quinta edição. São Paulo: Editora 34.
Sachs, Jeffrey D. (2001) "Tropical Underdevelopment". NBER Working Paper n°.8119, February 2001.
Bardhan, Pranab (1993) "Economics of Development and the Development of Economics". *The Journal of Economic Perspectives,* 7(2) Spring 1993: 129-142.
Cardoso, Fernando Henrique e Enzo Faletto (1969) *Dependência e Subdesenvolvimento na América Latina.* São Paulo: Difusão Europeia do Livro, 1970.
Chang, Ha-Joon (2000) "An Institutionalist Perspective on the Role of the State: Towards an Institutionalist Political Economy". *In* Leonardo Burlamaqui, Ana Célia Castro e Ha-Joon Chang, orgs. (2000) *Institutions and the Role of the State.* Cheltenham: Edward Elgar.
Cardoso, Fernando Henrique e Enzo Faletto (1969) *Dependência e Subdesenvolvimento na América Latina.* São Paulo: Difusão Européia do Livro, 1970.
Chilcote, Ronald H. (1984) *Theories of Development and Underdevelopment.* Boulder: Westview Press. Capítulo 3: "Capitalism and the Nationalist and Reformist Tradition" (Prebisch, Perroux, Sunkel, Furtado, Gonzales Casanova, F.H. Cardoso): 23-48; 4 "Socialism and Revolutionary Tradition" (Dos Santos, Marini, Quijano, Mandel): 49-78.
Christopher Clague, ed. (1997) *Institutions and Economic Development*. Baltimore: The John Hopkins University Press.: 37-64.

Easterlin, Richard A. (1998) "The International Impact of Modern Economic Growth". Capítulo 3 de *Growth Triumphant*. Ann Arbor: The University of Michigan Press: 31-44.

Easterlin, Richard A. (2000) "The Worldwide Standard of Living Since 1800". *Journal of Economic Perspectives*, 14(1), winter 2000: 7-26.

Evans, Peter (1992) "The State as Problem and Solution: Predation, Embedded Autonomy, and Structural Change". *In* Haggard, S & R.

Frank, Andre Gunder (1966) "The Development of Underdevelopment". In Robert I. Rhodes (1970) *Imperialism and Underdevelopment: a Reader.* Nova York: Monthly Review Press. Furtado, Celso (1961) "O Processo Histórico do Desenvolvimento". *In* Bresser-Pereira e Rego, *A Grande Esperança em Celso Furtado.* São Paulo: Editora 34, 2002.

Furtado, Celso (1961) *Desenvolvimento e Subdesenvolvimento*. Rio de Janeiro: Editora Fundo de Cultura.

Furtado, Celso (1961) *Desenvolvimento e Subdesenvolvimento*. Rio de Janeiro: Editora Fundo de Cultura.

Galbraith, John K. (1967) *O Novo Estado Industrial.* Rio de Janeiro: Civilização Brasileira. 1968.

Gerschenkron, Alexander (1962) *Economic Backwardness in Historical Perspective: A Book of Essays*. New York: Praeger.

Grossman, Gene M. (1990) "Promoting New Industrial Activities: a Survey on Recent Argument and Evidence". *OECD Economic Studies*, n.14, primavera 1990.

Grossman, G. e Helpman, H. (1993) "Endogenous Innovation in the Theory of Growth". NBER Texto para discussão n°. 4527, novembro 1993.

Grossman. e Helpman (1991) *Innovation and Growth in the Global Economy.* Cambridge, Ma.: The MIT Press.

Hirschman, Albert (1981) "The Rise and Decline of Development Economics". In *Essays in Trespassing*. Cambridge: Cambridge University Press, 1981 (pp.1 - 24).

Hirschman, Albert O. (1958) *The Strategy of Economic Development*. New Haven: Yale University Press.

Harrod, Roy F. (1939) "An Essay on Dynamic Theory". In J. Stiglitz e H. Usawa, orgs. (1969) *Readings in the Theory of Economic Growth.* Cambridge, Ma.: MIT. Press, 1969.

Krieckhaus, Jonathan (2002) "Reconceptualizing the Developmental State: Public Savings and Economic Growth". *World Development*, 30(10): 1697-1712, October 2002.

Kaufman, orgs. *The Politics of Economic Adjustment.* Princeton: Princeton University Press. Kay, Cristobal (1989) *Latin American Theories of Development and Underdevelopment*. Londres: Routledge.

Kaldor, Nicholas (1957) "A Model of Economic Growth". *The Economic Journal* 67 (268): 591-624.

Krugman, Paul (1992) "Toward a Counter-Counterrevolution in Development Theory": 15-38. *The World Bank Economic Review: Proceedings of the World Bank Annual Conference on Development Economics*, 1992.

Krugman, Paul (1999) *Development, Geography, and Economic Theory.* Cambridge, Ma.: The MIT Press.

Lipset, Seymour Martin (1959) "Some Social Requisites of Democracy: Economic Development and Political Legitimacy". *American Political Science Review*, 53: 69-105.

Landes, David S. (1999) *The Wealth and Poverty of Nations*. New York: W. W. Norton.

Lucas, Robert (1988) "On the Mechanics of Economic Development". *Journal of Monetary Economics,* n.22, 1988.

Lewis, Arthur W. (1954) "Economic Development with Unlimited Supply of Labor". In Agarwala e Singh, orgs. (1958) *The Economics of Underdevelopment*. New York: Oxford University Press: 400-449.

Murphy, Kevin M., Andrei Shleifer e Robert W. Vishny (1989) "Industrialization and the Big Push". *Jounal of Political Economy*, 97(5) 1989: 1003-1026.

Marini, Ruy Mauro (1973) *Dialéctica de la Dependencia*. México: Ediciones Era.

Meyer, G. e Baldwin, R. (1963) *Desenvolvimento Econômico*

North, Douglas C. (1990) *Institutions, Institutional Change and Economic Performance*. Cambridge: Cambridge University Press.

Olson, Mancur (1997) "The New Institutional Economics: The Collective Choice Approach to Economic Development". *In*

North, Douglas, William Summerhill, and Barry R. Weingast (2000) "Order, Disorder, and Economic Change: Latin America versus North America". *In* Mesquita, Bruce Bueno de e Hilton L. Root, orgs. (2000) *Governing for Prosperity*. New Haven: Yale University Press: 17-58.

North, Douglas C. (1991) "Institutions". *Journal of Economic Perspectives*, 5(1) Winter 1991: 97-112.

Nelson, Richard R. e Sidney G. Winter (1982) *An Evolutionary Theory of Economic Change*. Cambridge, MA: Harvard University Press.

Nelson, Richard R. (1995) "Recent Evolutionary Theorizing About Economic Change". *Journal of Economic Literature* 33(1) March 1995: 48-90.

Perkins, Dwight, Steven Radelet, Donald Snodgrass and Michael Todaro, Michael P. (1989) *Economic Development in the Third World*. Quarta edição. Nova York: Longman.

Przeworski, Adam e Michael Alvarez, José Antônio Cheibub e Fernando Limongi (2000) *Democracy and Development: Political Institutions and Well-Being in the World, 1950-1990*. Cambridge: Cambridge University Press.

Prebisch, Raúl (1949) "O Desenvolvimento Econômico da América Latina e seus Principais Problemas". *Revista Brasileira de Economia* 3(4) dezembro 1949: 47-111.

Prebisch, Raúl (1984) "Five Stages in My Thinking of Development". In G. Meyer and D. Seers, orgs. (1984) *Pioneers in Development*. Washington: The World Bank.

Pagano, Ugo (2003) "Nationalism, Development and Integration: The Political Economy of Ernest Gellner". *Cambridge Journal of Economics* 27: 623-646.

Podder, Nripesh (1994) "A Profile of International Inequality". *Journal of Income Distribution* 3(2), autumn 1993.

Ray, Debraj (1999) *Development Economics*. Princeton: Princeton University Press. Capítulo 4: "The New Growth Theories": 99-126.

Nelson, Richard R. (1997) "How New is New Growth Theory". *Challenge*, setembro-outubro 1997.

Rodrigues, Domingos de Gouveia, "Pricing Policy, Income Distribution, Economic Growth, Productivity, Technological Progress and Global Competitiveness in the Dynamics of the Capitalist Economies", Tese de Doutorado, University of York, Inglaterra, 1993.

Romer, Paul M. "Capital Accumulation in the Theory of Long-Run Growth". In Robert Barro, org. (1988) *Modern Business Cycle Theory*. Cambridge, Ma.: Harvard University Press: 51-127.

Romer, Paul M. (1994) "The Origins of Endogenous Growth". *Journal of Economic Perspectives* 8(1) inverno 1994.

Rostow, Walt W. (1960) *The Stages of Economic Growth: A Non-Communist Manifest.* Cambridge: Cambridge University Press.

Roemer (2001) *Economics of Development*. New York: W.W. Norton.

Rodrik, Dani (1999) *The New Global Economy and Developing Countries: Making Openness Work*. Washington: Overseas Development Council, and Baltimore: John Hopkins University Press.

Rapley, John (1996) *Understanding Development*. Boulder, Co.: Lynne Rienner Publishers.

Rosenstein-Rodan, Paul N. (1943) "Problems of Industrialization in Eastern Europe and South-Eastern Europe". *Economic Journal* 53, June 1943.

Seligson, Mitchell A. e John T Passé-Smith, eds. (1998) *Development and Underdevelopment*. Boulder, Co.: Lynne Rienner Publishers.

Salvadori, Néri, org. (2003) *Theories of Economic Growth*. Cheltenham: Elgar Press.

Sen, Amartya (1999) *Desenvolvimento como Liberdade*. São Paulo: Companhia das Letras.

Sutcliffe, Bob and Andrew Glyn (1999) "Still Underwhelmed: Indicators of Globalization and Their Misinterpretation". *Review of Radical Political Economics* 31(1) março 1999: 111-131.

Souza, Nali de Jesus de (1999) *Desenvolvimento Econômico*. 4ª. Edição. São Paulo: Editora Atlas.

Santos, Theotônio dos (1970) *Dependencia y Cambio Social*, Santiago: Centro de Estudios Socio-Económicos da Universidade do Chile, Cadernos de Estudos Sócio-Económicos n°.11.

Stiglitz, Joseph e H. Usawa, orgs. (1969) *Readings in the Theory of Economic Growth*. Cambridge, Ma.: MIT. Press, 1969.

Schultz, Theodore W. (1986) "Education Investments and Returns". In H. Chenery e T.N.Srinivasan, orgs, *Handbook of Development Economics*. Amsterdam: North Holland.

Sunkel, Oswaldo e Pedro Paz (1970) *El Subdesarrollo Latino Americano y la Teoría del Desarrollo*. México: Fondo de Cultura.

Solow, Robert M. (1956) "A Contribution to the Theory of Economic Growth". *In Readings in the Theory of Economic Growth*. Cambridge, Mass.: M.I.T. Press, 1969: 58-87.

Sala-i-Martin, Xavier (2002) "The Disturbing 'Rise' of Global Income Inequality". NBER Working Paper 8904, abril 2002.

Schumpeter, Joseph A. (1911) *The Theory of Economic Development*. Oxford: Oxford University Press, 1961.

Sachs, Jeffrey D. (2001) "Tropical Underdevelopment". NBER Working Paper n°.8119, February 2001.

Souza, Nali de Jesus de (1999) *Desenvolvimento Econômico*. 4ª. Edição. São Paulo: Editora Atlas.

Schultz, Theodore W. (1961) "Investment in Human Capital". *American Economic Review,* 51(1) março 1961: 1-17.

Wade, Robert (1996) "Globalization and its Limits: Reports of the Death of the National Economy are Grossly Exaggerated". *In* Suzanne Berger and Ronald Dore, eds. (1996): 60-88.

Waelbroeck, Jean (1998) "Half a Century of Development Economics: A Review Based on the *Handbook of Development Economics*". *The World Bank Economic Review*, 12(2) maio 1998.

Meyer, Gerald e Baldwin, Robert (1963) *Desenvolvimento Econômico*. São Paulo: Mestre Jou, 1968.

Wade, Robert and Martin Wolf (2002) "Are Global Poverty and Inequality Getting Worse?". *Prospect*, março 2002: 16-19.

www.ingramcontent.com/pod-product-compliance
Lightning Source LLC
Chambersburg PA
CBHW031533210526
45464CB00018B/2468